V&R

Michaela Schmidt / Franziska Perels

Der optimale Unterricht!?

Praxishandbuch Evaluation

Vandenhoeck & Ruprecht

Mit 40 Abbildungen

Bibliografische Information der Deutschen Nationalbibliothek

Die Deutsche Nationalbibliothek verzeichnet diese Publikation in der Deutschen Nationalbibliografie; detaillierte bibliografische Daten sind im Internet über http://dnb.d-nb.de abrufbar.

ISBN 978-3-525-70118-8
E-Book ISBN 978-3-647-70118-9

Umschlagabbildung: shutterstock

Printed in Germany.
Satz: textformart, Göttingen
Druck und Bindung: ⊕ Hubert & Co, Göttingen

Gedruckt auf alterungsbeständigem Papier.

Inhalt

Einleitung[1]

Wie war mein Unterricht heute? Haben meine Schüler[2] die Lernziele erreicht? Wie ist das Unterrichtsklima in der Klasse? Konnte ich jedem Schüler gerecht werden? Was könnte ich an meinem Unterricht noch verbessern?

Vermutlich kennen Sie solche oder ähnliche Fragen aus Ihrem Schulalltag. All diese Fragen beschäftigen sich mit der Reflexion und Bewertung des eigenen Unterrichts. Während Ihres Studiums und Referendariats haben Sie wahrscheinlich auf vielfältige Weise Rückmeldungen zu Ihrem Unterricht erhalten. Im Schulalltag nach dem Referendariat gibt es jedoch nur wenige (etablierte) Möglichkeiten für Feedback, die Sie nutzen können, um Antworten auf solche Fragen zu erhalten. Dies soll durch das vorliegende Buch geändert werden.

Die Reflexion und Bewertung des Unterrichts ist auch aus wissenschaftlicher Perspektive von Bedeutung, denn das Thema Evaluation von Schule und Unterricht rückt gerade in den letzten Jahren immer stärker in den Blickpunkt der Schulforschung. An dieser Stelle setzt auch dieses Buch an, indem Sie verschiedene Methoden zur Reflexion des Unterrichts „theoretisch" kennenlernen und „praxisnah" erfahren, wie Sie diese für Ihren eigenen Unterricht anwenden können. Dazu werden zunächst auf der Basis der aktuellen Forschungsergebnisse Feedbackmethoden und Möglichkeiten der Auswertung theoretisch beschrieben. Darauf aufbauend werden Anwendungsbeispiele

1 Dieses Kapitel entstand unter Mitarbeit von Klara Kümmerle.

2 Zur besseren Lesbarkeit wird bei Personen- und Berufsbezeichnungen die neutrale oder die männliche Form verwendet. Natürlich sind alle Abiturientinnen, Lehramtsstudentinnen, Referendarinnen, Lehrerinnen, Schülerinnen, Schulleiterinnen, Teilnehmerinnen sowie alle anderen Leserinnen gleichermaßen angesprochen.

und konkrete Anleitungen vorgestellt, welche die Umsetzung und Adaption für Ihren eigenen Unterricht erleichtern sollen.

Ziel des Buches ist es, Ihnen als Lehrkräfte nicht nur Anregungen zu geben, Ihren eigenen Unterricht zu evaluieren, sondern Sie sollen auch Möglichkeiten aufgezeigt bekommen, wie Sie aus ihren Beobachtungen Konsequenzen ziehen können, die Ihren Unterricht nachhaltig verbessern.

I. Was ist Evaluation?

Wahrscheinlich werden Sie denken, dass Sie sich bereits Gedanken über Ihren Unterricht gemacht haben. Was hat funktioniert? Wie haben die Schüler auf meine Impulse reagiert? Was soll ich das nächste Mal anders machen? Was hat im Vergleich zur letzten Unterrichtsstunde besser geklappt, was hat nicht so gut funktioniert? [...] Dieses überprüfende und vergleichende Nachdenken über einen Gegenstand, beispielsweise Ihren Unterricht, wird in der Theorie als Reflexion bezeichnet. Reflexion bedeutet also, dass Sie „in sich gehen" und Situationen, Erlebnisse oder Erfahrungen Revue passieren lassen. Dieses kritische Prüfen findet in Ihrem Berufskontext natürlich vor allem bezogen auf pädagogische Situationen statt.

Evaluation geht jedoch einen Schritt weiter, denn eine Evaluation wird einer bestimmten Systematik folgend geplant und durchgeführt. Das bedeutet, dass Evaluation über eine Reflexion hinausgeht. Diese Systematik des Vorgehens im Rahmen der Evaluation werden wir im Folgenden genauer beschreiben und geben eine kurze, theoretische Einführung in das Thema der Evaluation.

1. Was bedeutet Evaluation im Schulbereich?

In unseren Ausführungen beziehen wir uns auf die folgende Definition von Evaluation:

> Evaluationsforschung kann als ein Prozess definiert werden, „... bei dem nach zuvor festgelegten Zielen und explizit auf den Sachverhalt bezogenen und begründeten Kriterien ein Evaluationsgegenstand bewertet wird" (Balzer 2005, S. 16).

Wie lässt sich diese Definition nun auf den schulischen Kontext übertragen?
Entsprechend der Definition ist zunächst ein *Evaluationsgegenstand* notwendig. Dies kann beispielsweise Ihr Unterricht sein. Die Frage(n), die Sie zu Ihrem Unterricht beantworten möchten, formulieren Sie als *Evaluationsziel.* Als nächsten Schritt legen Sie *Kriterien* fest, anhand derer Sie Ihren Unterricht einschätzen können. Die Kriterien beschreiben inhaltlich genauer, welche spezifischen Aspekte Ihres Unterrichts Sie entsprechend der Evaluationsziele genauer betrachten möchten. Das bedeutet, dass Sie beispielsweise nicht die Schüler allgemein fragen, ob Ihnen der Unterricht gefällt, sondern Sie überlegen sich, zu welchen Gesichtspunkten des Unterrichts Sie gerne spezifische Rückmeldung erhalten möchten.

Wie kann festgelegt werden, wann das Evaluationsziel erreicht ist?
Ausgehend von oben genannter Definition muss in diesem Zusammenhang zuerst geklärt werden, wie sich die Qualität eines Evaluationsgegenstandes (z. B. Ihres Unterrichts) überhaupt bestimmen lässt. Die „International Organization for Standardization" (ISO) definiert Qualität als das, was den Anforderungen entspricht. Dafür ist es notwendig, dass Sie zunächst festlegen, was optimaler Unterricht für Sie bedeutet. Denn nur wenn offensichtlich ist, welche Anforderungen an einen Gegenstand gestellt werden, kann gemessen werden, ob der gewünschte Sollzustand erreicht wird.

Um eine solche Qualitätsbestimmung durchzuführen, sollten Sie zunächst überlegen, wie Ihre ganz subjektiven Vorstellungen dazu aussehen; beispielsweise was die ideale Beschaffenheit des Klassenklimas, der Lernfortschritte der Schüler, Ihrer Unterrichtsplanung usw. betrifft. Es bietet sich hierbei an, dass Sie diese Überlegungen schriftlich festhalten, denn sie sollten im Verlauf einer Evaluation immer im Blick behalten werden.

Übung 1:

- Halten Sie einen Bereich Ihres Unterrichts fest, den Sie gerne genauer betrachten möchten.
- Halten Sie in Stichpunkten fest, welche Qualitätsanforderungen Sie an diesen Bereich (z. B. Ihren Unterricht) im Idealfall stellen. Was ist also der Sollzustand, den Sie anstreben?

Natürlich gibt es auch in der Theorie Aussagen darüber, wie qualitätsvoller Unterricht gestaltet sein sollte. Um Ihnen zusätzliche Anregungen für die Qualitätsstandards Ihrer eigenen Evaluation zu geben, stellen wir Ihnen deshalb Schulqualitätsmodelle vor, die in den letzten Jahrzehnten entwickelt wurden. Darin werden zumeist auch Aussagen zu Kriterien guten Unterrichts gemacht. Vermutlich werden Sie Übereinstimmungen zwischen diesen Modellen und Ihren eigenen Ausführungen ausmachen können. Sie können die bestehenden Modelle aber auch als zusätzliche Orientierungshilfe nutzen, um den Anforderungskatalog für Ihren eigenen Unterricht zu reflektieren und gegebenenfalls zu ergänzen.

2. Schulqualitätsmodelle

Zunächst beschreiben wir das CIPP-Modell von Stufflebeam (2000). Dabei handelt es sich um ein allgemeines Evaluationsmodell, das die Grundlage für etliche Schulqualitätsmodelle in Theorie und Praxis liefert.

Im Anschluss daran wird das darauf aufbauende Modell zur Qualität und Qualitätsentwicklung im Bildungsbereich von Ditton (2000) vorgestellt, das zu den bekanntesten theoretischen Schulqualitätsmodellen im deutschsprachigen Raum zählt.

2.1 Das CIPP-Modell von Stufflebeam (2000)

Das Evaluationsmodell von Stufflebeam orientiert sich am zeitlichen Verlauf einer Maßnahme. Abbildung 1 soll verdeutlichen, dass eine Gesamtbeurteilung nur durch die Betrachtung verschiedener Aspekte zustande kommen kann. Dabei wird zwischen **C**ontext, **I**nput, **P**rocess und **P**roduct unterschieden:

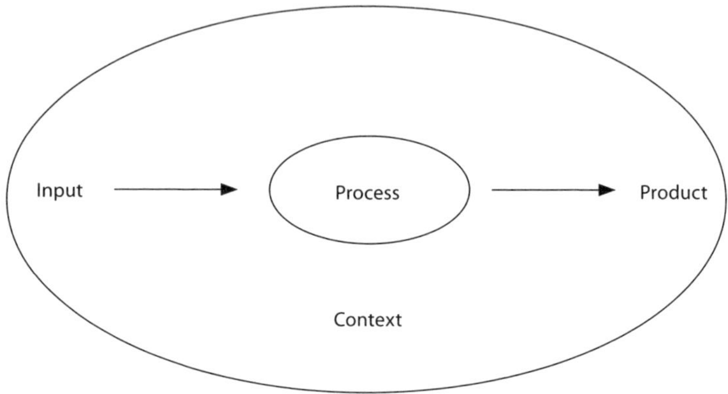

Abbildung 1: Das CIPP-Modell, angelehnt an Stufflebeam (2000)

- Die **C**ontext-Evaluation befasst sich mit den Rahmenbedingungen des Evaluationsgegenstandes. Dabei kann es sich z. B. um die Evaluation der zur Verfügung stehenden Ressourcen, Geräte oder Institutionen handeln.
- Die **I**nput-Evaluation fragt nach den Voraussetzungen der Teilnehmer sowie z. B. nach den zu lernenden Inhalten.
- Die **P**rocess-Evaluation rückt die Entwicklungsprozesse, die formative (prozessbezogene) Evaluation, in den Blickpunkt. Es geht hierbei nicht um die Ergebnisse, sondern um das Geschehen auf dem Weg zu einem bestimmten (Lern-)Ergebnis.
- Die **P**roduct-Evaluation beschäftigt sich mit dem Ergebnis des Entwicklungsprozesses. Sie wird auch als summative Evaluation bezeichnet. Im Gegensatz zur Prozessevaluation wird nicht der Weg zum Ziel betrachtet, sondern geprüft,

welche Resultate erzielt wurden, z.B. welche Kompetenzen die Schüler erworben haben.

Eine Evaluation, die das komplette CIPP-Modell beachtet, ist sehr komplex und umfangreich. Deshalb ist es in der Praxis üblich, dass sich Evaluationen entweder auf einen oder zwei der vier Teilbereiche oder auf bestimmte Komponenten aller vier Bereiche konzentrieren. Konkret könnte dies im schulischen Kontext bedeuten, dass Sie die Lernfortschritte Ihrer Schüler in einem bestimmten Themenbereich evaluieren wollen. Im Folgenden werden exemplarisch einige Fragen formuliert, die für die Evaluation der einzelnen Komponenten von Bedeutung sein könnten:

Context-Evaluation:
- Zu welchen Unterrichtszeiten findet der Unterricht statt?
- Wie groß ist die Klasse?
- Gibt es räumliche Besonderheiten (z.B. Lärm)?
- Welches Vorwissen bringen die Schüler zu diesem Thema mit?
- Wie groß ist das grundsätzliche Interesse der Schüler an dem Thema?
- Wie verhält es sich mit dem (allgemeinen) Leistungsniveau der Klasse (insbesondere in diesem Fach)?
- Welches sind Ihre Unterrichtsziele (Vermittlung von Wissen, Kompetenzen entwickeln, überfachliche Kompetenzen fördern)?

Input-Evaluation:
- Wie lange behandeln Sie das Thema schon (Unterrichtszeit)?
- Welche Methoden, Sozialformen und Medien haben Sie eingesetzt?
- Wie haben Sie die Schüler für das Thema motiviert?
- Welche didaktischen Konzepte können Sie bei der Vermittlung der Unterrichtsinhalte anwenden?
- Welche Unterrichtsvariationen haben Sie eingesetzt?

Process-Evaluation:
- Welchen Lernfortschritt haben die Schüler bisher schon gemacht?
- Gibt es Leistungsunterschiede zwischen den Schülern bei der Bearbeitung von Aufgaben?
- Wie schätzen sich die Schüler hinsichtlich ihres Lernfortschrittes ein?
- Welche nächsten Schritte lassen sich ableiten, damit die Schüler ihr Lernziel erreichen?

Product-Evaluation:
- Was können die Schüler in dem Stoffgebiet?
- Welche Lücken bestehen noch?
- Welcher Anteil der Schüler zeigt sehr gute, gute, befriedigende … Leistungen?
- Haben Sie Ihre Lehrziele erreicht?
- Haben die Schüler die Lernziele erreicht?
- Sind die Schüler (und evtl. ihre Eltern) mit dem Ergebnis zufrieden?

An diesem Beispiel wird deutlich, dass sich die vier Teilbereiche des CIPP-Modells bei dem Versuch, angemessene Fragestellungen zu konstruieren, nicht immer eindeutig voneinander abgrenzen lassen, denn Bedingungen des Umfeldes (Context) können beispielsweise mit den Voraussetzungen der Teilnehmer (Input) zusammenhängen.

Allerdings überwiegen die Vorteile einer strukturellen Einteilung in Context, Input, Process und Product: Eine solch schematische Herangehensweise führt nämlich dazu, dass kein Teilbereich unterschätzt oder vergessen wird. So erhalten Sie die Möglichkeit, unterschiedliche Perspektiven eines einzigen Gegenstandes zu beleuchten, die Sie für die praktische Planung und Durchführung einer Evaluation nutzen können.

Übung 2:

- Beziehen Sie sich nun auf den Bereich Ihres Unterrichts, den Sie in Übung 1 genannt hatten.
- Überlegen Sie, welche Evaluationsaspekte Sie zu den einzelnen Bereichen des CIPP-Modells untersuchen wollen.

Das CIPP-Modell kann Ihnen dabei helfen, dass Sie alle relevanten Faktoren im Kontext des Evaluationsgegenstandes (z. B. Ihres Unterrichts) bei der Evaluation berücksichtigen. Da dieser Perspektivenreichtum von jeglicher Evaluation angestrebt werden sollte, wird er in allen möglichen Bereichen angewandt. Dass das CIPP-Modell von Stufflebeam nicht spezifisch für den Schulbereich entwickelt wurde, tut seiner Effektivität im schulischen Kontext keinerlei Abbruch. Es bildet die Grundlage vieler spezifischer Schulqualitätsmodelle. Im Folgenden wird eines dieser Modelle, auf das im schulischen Kontext sehr häufig Bezug genommen wird, vorgestellt. Es handelt sich dabei um das „Modell zu Qualität und Qualitätsentwicklung im Bildungsbereich“ von Ditton (2000).

2.2 Modell zu Qualität und Qualitätsentwicklung im Bildungsbereich von Ditton

Während das CIPP-Modell ein allgemeines Modell für Evaluation ist, hat Ditton (2000) ein Modell entwickelt, das einen spezifischen Evaluationsgegenstand, nämlich die Schulqualität, betrifft. Auch dieses Modell geht wie das CIPP-Modell davon aus, dass der betreffende Evaluationsgegenstand – die Schulqualität – ein facettenreiches Konstrukt ist. Ditton (2000) verfolgt mit dem Modell das Ziel, die Wirklichkeit in einer noch überschaubaren, aber dennoch genügend differenzierten Form abzubilden. Das vereinfachte Modell ist in Abbildung 2 dargestellt.

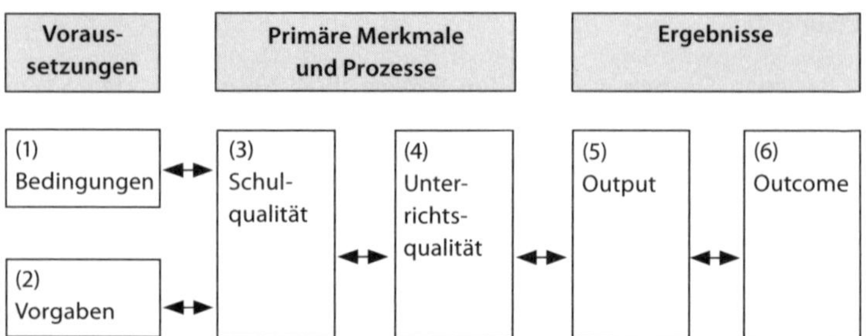

Abbildung 2: Modell zu Qualität und Qualitätsentwicklung im Bildungsbereich nach Ditton (2000)

In dem Modell werden zwei Strukturmerkmale kombiniert: Der Prozesscharakter und die Mehrebenensicht. Es soll verdeutlichen, dass Schulqualität ein Zusammenspiel von Prozessen und Faktoren auf unterschiedlichen Ebenen ist. Den *Prozesscharakter* des Modells verdeutlichen die Pfeile in Abbildung 2. Sie sind rekursiv, das bedeutet, dass jeweils wechselseitige Einflüsse der nebeneinander angeordneten Bereiche bestehen. So können Rahmenbedingungen die Schulqualität, wie beispielsweise die Kooperation der Lehrer untereinander, beeinflussen. Gleichzeitig ist es möglich, dass Faktoren der Schulqualität (z. B. Lehrerkooperation) auch die Rahmenbedingungen der Schule verändern. Beispielsweise indem durch eine etablierte Kooperation von Lehrkräften zusätzliche Unterstützungssysteme geschaffen werden, die zu einer Verbesserung der Bedingungen führen können. Die Prozesse verdeutlichen den Wandel von Eingangsbedingungen und Intentionen in (Lern-) ergebnisse. Die Vorstellung von Inputs, Prozessen und Outputs entspricht so dem bereits vorgestellten CIPP-Modell. Im Gegensatz zum CIPP-Modell geht Ditton allerdings vorerst von einer Dreiteilung aus: Den Kontext lässt er zunächst für die Beschreibung der Prozesse außen vor. Dafür differenziert Ditton die Voraussetzungen (1&2), Prozesse (3&4) und Outputs (5&6) schulbezogen weiter aus.

Die Voraussetzungen werden in Bedingungen und Vorgaben gegliedert. Die *Bedingungen* beschreiben die Rahmenbedingungen des schulischen Handelns und die *Vorgaben* die beabsichtigten Bildungsziele.

In dem Bereich „Bedingungen" fasst Ditton sowohl die finanziellen und materiellen als auch die personellen und strukturellen Bedingungen zusammen (1). Hinzu kommen die Vorgaben, die durch das intendierte Curriculum festgelegt sind, d. h. die beabsichtigten Bildungsziele, Leistungen, Haltungen und Einstellungen, welche in den Lehrplänen und Stundentafeln der Länder sowie den zugelassenen Lehrbüchern dokumentiert sind (2). Ebenso lassen sich die primären Merkmale und Prozesse aufsplitten: Die Schulqualität (3) steht hierbei neben der Unterrichtsqualität (4). Auch wenn in der Realität diese Unterteilung unplausibel erscheint, bietet diese theoretische Teilung in die Institutionsebene (3) und Interaktionsebene (4) Vorteile, weil sie gewährleistet, dass Ihnen sämtliche Aspekte, die auf Ihren Unterricht Einfluss nehmen könnten, bewusst werden.

Zu den Bereichen der primären Merkmale und Prozesse gehören die Schulqualität und die Unterrichtsqualität. Die *Schulqualität* beschreibt dabei Merkmale auf der Institutionsebene, während sich die *Unterrichtsqualität* auf die Interaktionsebene bezieht.

Schulqualität (3) setzt sich dabei nach Dittons' Modell aus den Komponenten Schulmanagement, Personalentwicklung, Kooperation und Schulkultur zusammen. Unterrichtsqualität (4) wird als *der* zentrale Aspekt in der schulischen Arbeit als ein eigener Bereich betrachtet und hängt in Anlehnung an Slavin (2000) einerseits von der Adäquatheit der Lehrinhalte und Lehrmaterialien, andererseits von der Qualität des Lehrens und Lernens ab. Slavin nennt in diesem Zusammenhang, in dem von ihm formulierten QUAIT-Modell, folgende Bedingungen für die Qualität des Lehrens und Lernens im Unterricht: a) Klarheit des Unterrichtsziels und Sinnhaftigkeit (**Qu**ality of **A**ppropriateness), b) Angemessenheit des Anspruchniveaus (**I**nstruction), c) Verstärkerkontingenzen (**I**ncentives) und d) Zeitnutzung (**T**ime). Diese Aspekte sind multiplikativ miteinander verknüpft. Das heißt, dass Unterricht nur dann gelingen kann, wenn alle vier Aspekte tatsächlich vorhanden sind.

Wie im Bereich der primären Merkmale und Prozesse nimmt Ditton auch hinsichtlich der Ergebnisse eine Zweiteilung vor: Unterschieden werden hierbei Output (5) und Outcome (6):

> Innerhalb der Ergebnisse wird zwischen Output und Outcome unterschieden. Bei *Output* handelt es sich um eher kurzfristige Wirkungen und Ergebnisse, während als *Outcome* langfristige Wirkungen beschrieben werden.

Im schulischen Kontext ist also der Output das, was sich am Ende des Unterrichts, eines Schuljahres oder der Schulzeit insgesamt als Ergebnis feststellen lässt. Dabei kann es sich beispielsweise um das Abitur handeln, das die Schüler mit bestimmten Noten bestehen. Längerfristige Wirkungen (Outcome) können dann der Studien- oder Berufserfolg der Abiturienten sein, der sich auch auf das weitere Leben der ehemaligen Schüler auswirken kann.

Insgesamt stellt das Modell, wie alle Modelle, die Realität sehr vereinfacht dar. Das Ziel ist jedoch, den Prozesscharakter schulischer Prozesse abzubilden und eine Struktur zur Orientierung zu bieten.

Genauso verhält es sich auch mit dem zweiten Merkmal des Schulqualitätsmodells von Ditton: der *Mehrebenensicht*. Wie aus dem Namen abgeleitet werden kann, ist es notwendig, dass mehrere Ebenen mit einbezogen werden, wenn Bildungsprozesse betrachtet werden sollen. Unterschieden werden hierbei:

(1) die Ebene der einzelnen Individuen: die Schüler als Lernende und Lehrer als Lehrende

(2) die Ebene der Interaktionen zwischen Lernenden und Lehrenden: die Ebene des Unterrichts
(3) die Ebene der einzelnen Bildungseinrichtungen
(4) der sozial-räumliche bzw. gesellschaftlich-kulturelle Kontext

Wenn auch Ditton zunächst in der Prozesssicht den Kontext nicht einbezieht, findet er sich auf der Strukturebene wieder. Ab der 4. Ebene werden zusätzlich unterschiedliche Kontexte mit einbezogen. Die 4. Ebene kann zusätzlich weiter differenziert werden, beispielsweise nach regionalen Strukturen (z. B. „Hat die betreffende Schule ein ländliches oder städtisches Einzugsgebiet?“). Da die 4. Ebene weiter untergliedert werden kann, wird es auch als 4-plus Modell bezeichnet.

Ihnen wird auffallen, dass es nicht möglich ist, die 4-Ebenen oder auch 4-plus-Ebenen losgelöst voneinander zu betrachten, denn sie beeinflussen sich gegenseitig und sind miteinander verbunden. Das scheint evtl. zunächst sehr komplex, doch beachten Sie, dass es vor allem darum geht, dass Ihnen die theoretische Grundlage erleichtert wird. Beispielsweise kann es Ihnen helfen, zunächst einmal das Unterrichtsverhalten eines bestimmten Schülers zu reflektieren (Ebene 1), bevor Sie dieses in Verbindung mit Ihren eigenen Erwartungen setzen (Ebene 2).

Ziel der Darstellung des allgemeinen CIPP-Evaluationsmodells und des schulspezifischen Qualitätsmodells von Ditton ist es, erstens die Prozesshaftigkeit von schulischer Arbeit aufzuzeigen und zweitens die Vielzahl der die schulische Arbeit beeinflussenden Komponenten darzustellen. Beides sollte Ihnen aber nicht nur die Komplexität des Vorhabens, bestimmte schulische bzw. unterrichtliche Bereiche zu evaluieren, verdeutlichen. Sie sollten die gewonnenen Erkenntnisse vielmehr für Ihre eigenen Evaluationen nutzen, damit Sie bei der Planung Ihrer Evaluation die relevanten Aspekte im Blick haben.

Sie können nun nochmals zu Übung 2 zurückgehen, um möglichst viele Komponenten, die die Qualität Ihres Evaluationsgegenstandes beeinflussen können, in Ihre Überlegungen und Vorbereitungen der Evaluation einzubeziehen.

Im Anschluss an diese Überlegungen kann die konkrete Evaluationsplanung erfolgen. Für die Planung und Durchführung einer Evaluation ist der folgende Evaluationskreislauf hilfreich, da er die einzelnen Schritte strukturiert.

3. Der Evaluationskreislauf

Der Evaluationskreislauf enthält insgesamt acht Schritte, die Sie im Idealfall im Rahmen Ihres Evaluationsvorhabens durchlaufen. Der Kreislaufcharakter soll dabei deutlich machen, dass es in den meisten Fällen nicht ausreicht, die Schritte nur einmal zu durchlaufen, denn auch Veränderungen aufgrund von Evaluationsergebnissen sollten nach einer gewissen Zeit erneut einer Evaluation unterzogen werden. So gilt auch bei der Evaluation das Motto: „Nach der Evaluation ist vor der Evaluation“.

Anhand des abgebildeten Evaluationskreislaufes (Abbildung 3) können Sie Fragen ableiten, die vor der Durchführung einer Evaluation geklärt werden sollen. Die Fragen sollen Ihnen helfen, an alle wichtigen Schritte zu denken.

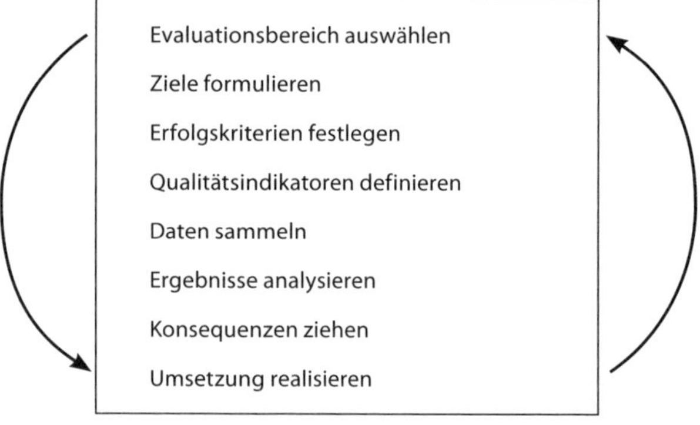

Abbildung 3: Evaluationskreislauf nach Buhren (2007)

Evaluationsbereich auswählen und Ziele formulieren

Im ersten Schritt wird der Bereich der Evaluation ausgewählt (dies haben Sie auch bereits in Übung 1 gemacht). Durch die Formulierung des Zieles können Sie Ihre Fragestellung noch weiter konkretisieren. Sie können sich zusätzlich zur Frage nach dem Evaluationsgegenstand (Bereich der Evaluation) noch folgende Fragen stellen:

- Welche Ziele sollen mit der Evaluation verfolgt werden?
- Welche Standards und Regeln sollen für die Evaluation angelegt werden?

Erfolgskriterien festlegen und Qualitätsindikatoren definieren

Im nächsten Schritt geht es um die Frage, wie Sie feststellen können, dass Ihre durchgeführte Evaluation erfolgreich war. An dieser Stelle sollten Sie überlegen, wie Sie die Qualität der Evaluation sichern können. Deshalb kann es hilfreich sein, auf bewährte Konzepte oder Modelle zurückzugreifen, wie beispielsweise die weiter oben dargestellten Schulqualitätsmodelle. Natürlich kommen auch andere Modelle oder Konzepte als Basis für Ihre Evaluation infrage.

Zusätzliche Klarheit können Ihnen folgende Fragen schaffen:

- Kann auf bereits vorhandene Qualitätskonzepte zurückgegriffen werden?
- Welche Ziele möchten Sie mit der Evaluation verfolgen?
- Welche Standards und Regeln sollen für die Evaluation angelegt werden?
- Welche Qualitätskriterien sollten formuliert werden?
- Wie stelle ich fest, ob ein bestimmtes Kriterium erfüllt wurde?
- Welche Indikatoren sind zu beobachten?

Daten sammeln

Der dritte Schritt im Evaluationskreislauf besteht darin, Daten zu sammeln. In den folgenden Kapiteln werden unterschiedliche Methoden (z. B. Befragungen, Beobachtungen, Feedbackmethoden) und Instrumente (z. B. Fragebögen, Unterrichtsbeobachtungsbögen) vorgestellt, die Sie für die Datenerhebung einsetzen können. Folgende Fragen können Sie sich in diesem Zusammenhang stellen:

- Welche Methoden sollen zur Datensammlung genutzt werden?
- Welche Instrumente sollen ausgewählt werden?
- Welche Daten geben zur Beantwortung der Fragestellung wichtige Hinweise?
- Welche Daten liegen bereits vor?
- Welche Daten müssen noch erhoben werden?
- Wer koordiniert die Datenerfassung?
- Wie werden die Daten zusammengestellt und aufbereitet?
- Passen die Instrumente zu meiner Fragestellung und den Informationen, die ich erheben möchte?

Ergebnisse analysieren

Bei der Analyse der Ergebnisse geht es darum, die gesammelten Informationen auszuwerten. In vielen Fällen kann an dieser Stelle der Einsatz von statistischen Methoden sinnvoll sein. Mehr zu diesem Thema erfahren Sie im Kapitel „Schulrelevante statistische Kennwerte und methodische Prüfverfahren“. Vorab können Sie sich Folgendes überlegen:

- Wie sollen die Daten ausgewertet werden?
- Wer wird in die Analyse einbezogen?
- Welche Hilfen sind zum Verständnis und zur Interpretation notwendig?

Konsequenzen ziehen

Eine Evaluation ist nur dann sinnvoll, wenn aus den Ergebnissen Konsequenzen gezogen werden. Sie können auf Grundlage der Evaluationsergebnisse überlegen, was sich bewährt hat und so beibehalten werden sollte und in welchen Bereichen Veränderungen sinnvoll sind. Sie können sich in diesem Zusammenhang folgende Fragen stellen:

- Welche Konsequenzen sollen gezogen werden?
- Wer ist für die Umsetzung verantwortlich?
- Welche Personen sollten für die Umsetzung einbezogen werden?

Umsetzung realisieren

Der letzte Schritt des Evaluationskreislaufs besteht darin, Konsequenzen aus der Evaluation auch in die Praxis umzusetzen. Hier sollten Sie möglichst konkrete Vorsätze fassen. Sie sollten auch nicht versuchen, zu viel zum gleichen Zeitpunkt ändern zu wollen. Gehen Sie die Veränderungen lieber Schritt für Schritt an. Folgende Fragen sind in diesem Zusammenhang von Bedeutung:

- Was kann ich ganz konkret umsetzen?
- Bis wann sind Ergebnisse der Umsetzung zu erwarten?
- Wann und wie kann ich die Veränderungen herbeiführen?
- Woran kann ich merken, dass ich die Veränderungen vorgenommen habe?

Dieser Evaluationskreislauf lässt sich natürlich auch auf den schulischen Kontext übertragen bzw. bei internen wie auch externen Evaluationsformen anwenden.

Auch im Schulkontext wählen Sie zunächst den Bereich aus, den Sie evaluieren möchten. Dabei können Sie sich z. B. an den Kriterien der, von der Bildungsadministration entwickelten, Orientierungsrahmen Schulqualität orientieren. Diese beschreiben in verschiedenen Qualitätsbereichen die Komponenten, die im Rahmen der schulischen Prozesse von Bedeutung sind (z. B. Unterricht, Schulleiterhandeln, Professionalität der Lehrkräfte, …).

Die schulische Evaluation kann sich so z. B. auf den Unterricht beziehen, indem Sie überprüfen möchte, ob und wie die Unterrichtszeit in Ihrem Unterricht insgesamt lernwirksam genutzt wird. Es kann sich aber auch um eine Fragestellung handeln, welche die gesamte Schule betrifft. Das ist der Fall, wenn ein schulweites Projekt (z. B. zur Leseförderung) implementiert werden soll oder ein neues Unterrichtsfach an der Schule eingeführt wird. Der Evaluationsbereich kann noch relativ breit formuliert sein.

Deshalb geht es im zweiten Schritt darum, dass Sie Ihr konkretes Evaluationsziel festlegen. Im Vergleich zum Evaluationsbereich ist es hier notwendig, Ihr Ziel enger zu fassen und konkret zu formulieren. Bezogen auf das Unterrichtsbeispiel könnte eine konkrete Fragestellung sein, herausfinden zu wollen, wie die Sprechanteile im Unterricht verteilt sind, d.h. zu untersuchen wie groß Ihr Sprechanteil ist, wie viel Anteil die Schüler haben, bzw. wie sich der Anteil auf einzelne Schüler verteilt. Darüber hinaus können Sie überprüfen, wie viel Zeit für Störungen, Disziplinschwierigkeiten usw. benötigt wird. Sie können dabei auch nur einen bestimmten Aspekt fokussieren. Ein konkretes Ziel legen Sie analog fest, falls der interessierende Evaluationsbereich die Schulebene betrifft. Ihr Evaluationsziel könnte im Falle des Projekts zur Leseförderung sein, dass Sie z.B. überprüfen möchten, ob die Schüler durch das Projekt ihre Lesekompetenzen steigern können oder sie mehr intrinsische Motivation für das Lesen entwickeln. Da dieses Buch auf den Unterricht und Möglichkeiten der Evaluationen in diesem Kontext fokussiert, wird im Folgenden dieses Beispiel näher ausgeführt.

Wenn Sie das Evaluationsziel möglichst konkret formuliert haben, fällt es Ihnen leichter die Erfolgskriterien und Qualitätsindikatoren festzulegen. Diese beiden Schritte können Sie zusammengefasst betrachten, denn die Erfolgskriterien und Qualitätsindikatoren sind eng miteinander verknüpft. Bezogen auf das Unterrichtsbeispiel können Sie überlegen, welche Qualitätskonzepte es hinsichtlich der Nutzung der Unterrichtszeit gibt. So können Sie beispielsweise das Modell von Caroll (1963) heranziehen oder auch in den Referenzrahmen zur Schulqualität nach Anhaltspunkten zu diesem Thema suchen. Das Modell von Carroll (1963) nimmt explizit das Verhältnis der aufgewendeten mit der benötigten Lernzeit der Schüler in den Blick. Zusätzlich zu den aus Modellen abgeleiteten Erfolgskriterien legen Sie in diesem Schritt die Indikatoren fest, anhand derer Sie den aktuellen Stand einschätzen können. Ein Indikator für die lernwirksam genutzte Zeit könnte z.B. wie folgt lauten „Es gibt keinen Zeitverlust am Anfang, während oder am Ende der Unterrichtsstunde“.

Nun erfolgt im nächsten Schritt die Sammlung der Daten. Im Falle der Unterrichtszeit könnte dies durch Befragung der Schüler („Ist das Unterrichtstempo angemessen/zu schnell/zu langsam?“), durch Tests oder durch Unterrichtsbeobachtungen bzw. Aufzeichnungen des Unterrichts mit einer nachfolgenden Analyse erfolgen. Unterschiedliche Methoden zur Unterrichtsevaluation stellen wir in den einzelnen Kapiteln noch ausführlicher vor.

Wie Sie Ihre Daten auswerten, hängt von der Methode ab, die Sie zur Datensammlung verwendet haben. Falls Sie einen Fragebogen mit geschlossenem Antwortformat, d.h. mit Fragen zum Ankreuzen – eine quantitative Methode – eingesetzt haben, können Sie z.B. auswerten, wie Ihre Schüler das Unterrichtstempo einschätzen, indem Sie die Antworten der Schüler auf die entsprechenden Fragen „auszählen“. Dieses Ergebnis könnten Sie auch mit Leistungsdaten kombinieren. Sie erhalten dadurch ein breiteres Bild und können beispielsweise die Frage beantworten, ob die leistungsstarken Schüler das Tempo als (zu) langsam einschätzen oder nicht. Falls Sie den Unterricht aufgezeichnet haben, können Sie im Nachhinein prüfen (z.B. mit einer Stoppuhr), wie viel Unterrichtszeit „echte“ Lernzeit war und welcher Zeitanteil für Anderes (z.B. Klärung organisatorischer Fragen) verwendet wurde.

Abgeleitet aus Ihren Ergebnissen können Sie überlegen, welche Konsequenzen Sie ziehen wollen. Dies wird natürlich von dem Ergebnis abhängig sein. Stellen Sie beispielsweise fest, dass Sie die Unterrichtszeit bereits optimal nutzen, so besteht in diesem Bereich kein Handlungsbedarf. Sie haben aber auf jeden Fall eine Antwort auf Ihre Ausgangsfragestellung erhalten. Stellen Sie jedoch fest, dass Sie viel Zeit für die Organisation oder das Disziplinmanagement verwenden, können Sie überlegen, durch welche Maßnahmen Sie mehr Lernzeit für die Schüler erreichen können. Stellen Sie durch die Befragung fest, dass das Unterrichtstempo als sehr unterschiedlich wahrgenommen wird, könnten Sie z.B. Maßnahmen zur Individualisierung des Unterrichts ergreifen.

Nachdem Sie die Konsequenzen abgeleitet haben, geht es an die konkrete Planung der Umsetzung. Die Planung sollte möglichst konkret und detailliert sein, denn damit steigt die Wahrscheinlichkeit, dass Sie die Planung auch in die Tat umsetzen. Sie können sich beispielsweise konkret überlegen, an welchen Stellen Sie das Unterrichtstempo verändern wollen oder an welchen Stellen Sie individualisierte Aufgaben vorbereiten. Mit diesem letzten Schritt haben Sie den Evaluationskreislauf einmal komplett durchlaufen.

Wie wir anfangs bereits betont haben, ist Evaluation keine einmalige Angelegenheit. Darauf deutet auch die Bezeichnung „Evaluationskreislauf" hin. Denn nach einer gewissen Zeit der Umsetzung kann es sehr hilfreich sein, erneut eine Evaluation durchzuführen. In diesem Fall beginnen Sie, aufbauend auf den Erfahrungen der vorangegangenen Evaluation, einen neuen Evaluationskreislauf zu durchlaufen.

Im Prinzip stellen diese Schritte die Vorgehensweise jeder Evaluation dar. Die hier skizzierte Abfolge ist natürlich sehr umfangreich. Jedoch sollten Sie bedenken, dass nicht immer jeder Schritt sehr aufwändig ist, denn oftmals wird es möglich sein, die eine oder andere Frage relativ schnell zu beantworten. So kann der Evaluationsgegenstand von Ihnen einfach benannt werden, wenn es sich um ein Thema oder Problem handelt, das Ihnen unter den Nägeln brennt. Mit etwas Erfahrung werden Ihnen auch bestimmte Bereiche schneller von der Hand gehen, wie beispielsweise die Sammlung und Auswertung der Daten.

Die Beantwortung der aufgeworfenen Fragen und die Inhalte der konkreten Evaluation hängen auch eng mit der *Form der Evaluation* zusammen. In den folgenden Kapiteln werden deshalb verschiedene Formen der Evaluation vorgestellt, die jeweils unterschiedliche Inhalte und Aspekte stärker fokussieren.

4. Formen der Evaluation

Es gibt verschiedene Ansätze, um Evaluationsformen zu kategorisieren. Die Gliederung des Buches orientiert sich an den Dimensionen *interne* vs. *externe* sowie *prozessbezogene* vs. *ergebnisbezogene Evaluation*. Durch die Unterscheidung der internen und externen Evaluation bzw. der prozessbezogenen und ergebnisbezogenen Evaluation werden die wichtigsten Evaluationsformen für den Schulbereich abgedeckt. Da die jeweiligen Evaluationsformen als Gegenpole verstanden werden können, ist es möglich, diese in ein Koordinatensystem einzufügen.

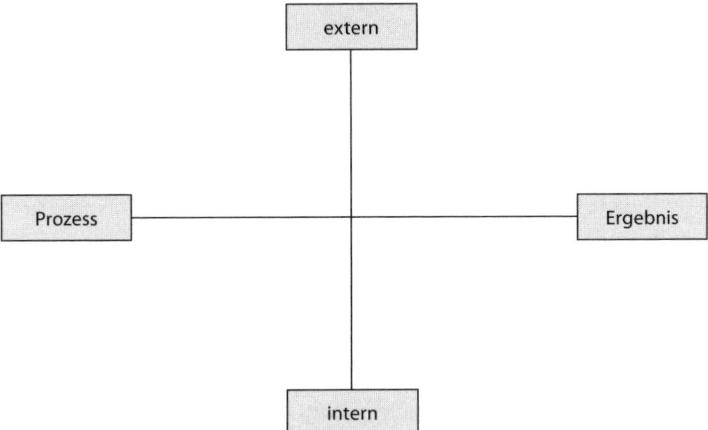

Abbildung 4: Koordinatensystem mit den verschiedenen Evaluationsformen

Die x-Achse des Koordinatensystems stellt die Begriffe Prozess- und Ergebnisevaluation gegenüber.

Die *Prozessevaluation,* auch *formative Evaluation* genannt, „… bezieht sich auf einen Prozess, in dem […] Rückkopplungen eingezogen werden. Zwischenergebnisse des Prozesses werden mit Erwartungen verglichen, um Entscheidungen über Prozessoptimierungen zu ermöglichen" (Kuper 2005, S. 18).

Im Zentrum der Evaluation stehen folglich Aspekte des Unterrichtsgeschehens: Die Bewertung des Klassenklimas, der Kooperation der Lehrkräfte oder der Methodenvielfalt Ihres Unterrichts sind demnach Prozessevaluationen. Dieser Bereich der Evaluation wurde auch bereits in dem CIPP-Modell von Stufflebeam (2007) beschrieben.

Die *Ergebnisevaluation*, oder auch *summative Evaluation* genannt, bezeichnet eine „zusammenfassende Aussage über die Wirksamkeit einer Maßnahme. Das Ziel der summativen Evaluation liegt darin, die Eignung einer Maßnahme im Nachhinein zu bewerten …" (Gollwitzer & Jäger 2007, S. 16).

Im Zentrum dieser Evaluationsform stehen demnach die Ergebnisse Ihres Unterrichts: Bewerten Sie die Resultate einer Klassenarbeit oder den Lernstand Ihrer Schüler zu einem bestimmten Zeitpunkt, führen Sie eine Ergebnisevaluation durch.

Scriven (1991) ist einer der Begründer der Unterscheidung von formativer und summativer Evaluation. Um die Unterschiede zwischen Prozess- und Ergebnisevaluation deutlich zu machen, verwendet Scriven das folgende Bild: Wenn ein Küchenchef seine Suppe abschmeckt, so ist dies seine Art der Prozessevaluation (formativ). Er hat also die Möglichkeit noch Änderungen am endgültigen Geschmack der Suppe vorzunehmen. Wenn ein Gast im Restaurant die Suppe probiert, so handelt es sich um eine ergebnisbezogene (summative) Evaluation. An dieser Stelle wird das Ergebnis (Geschmack der Suppe) abschließend beurteilt. In dem oben beschriebenen CIPP-Modell wird diese Art der Evaluation als „Product" bezeichnet.

Neben der Unterscheidung zwischen summativer und formativer Evaluation kann auch zwischen externer und interner Evaluation unterschieden werden. Diese sind in der y-Achse des Koordinatensystems gegenübergestellt.

Bei einer *externen Evaluation* handelt es sich um eine Evaluation, die von außen initiiert und durchgeführt wurde, also von Personen durchgeführt wird, die nicht der Durchführungsorganisation angehören (Stockmann 2006).

Dies bedeutet für Sie, dass die Methoden, die Instrumente und das Verfahren der Evaluation von externen Instituten vorgegeben sind.

Bei einer *internen Evaluation* handelt es sich um eine Evaluation, die von Ihnen selbst oder von Ihrer Schule initiiert und durchgeführt wurde. Die Evaluation wird also von der gleichen Organisation vorgenommen, die auch selbst Evaluationsgegenstand ist (Stockmann 2006).

Bei dieser Form der Evaluation liegt die Entscheidung, mit welchen Methoden, Instrumenten und Vorgehensweisen evaluiert werden soll, zumindest ein Stück weit, in Ihren Händen.

Bezogen auf das Beispiel mit der Suppe bedeutet dies, dass externe Evaluation dann stattfindet, wenn ein Restaurant-Kritiker, als Instanz von außen, diese bewertet. Eine interne Evaluation würde dann stattfinden, wenn die Suppe vom Sous-Chef der Küche bewertet wird.

Durch die Zusammenstellung der vorgestellten Evaluationsformen in obigem Koordinatensystem ergeben sich vier Evaluationsformen, die auch für Unterrichtsevaluationen von Bedeutung sind:
- Die interne prozessbezogene Evaluation (unten links)
- Die interne ergebnisbezogene Evaluation (unten rechts)
- Die externe prozessbezogene Evaluation (oben links)
- Die externe ergebnisbezogene Evaluation (oben rechts)

An dieser Einteilung orientiert sich auch die Struktur dieses Buches. Jede Form der Evaluation hat natürlich ihre Besonderheiten und daraus abgeleitet Vor- und Nachteile. Auch auf diese wird in den einzelnen Kapiteln jeweils kurz eingegangen. In Abbildung 5 ist die Zuordnung der einzelnen Kapitel zu den unterschiedlichen Evaluationsformen dargestellt.

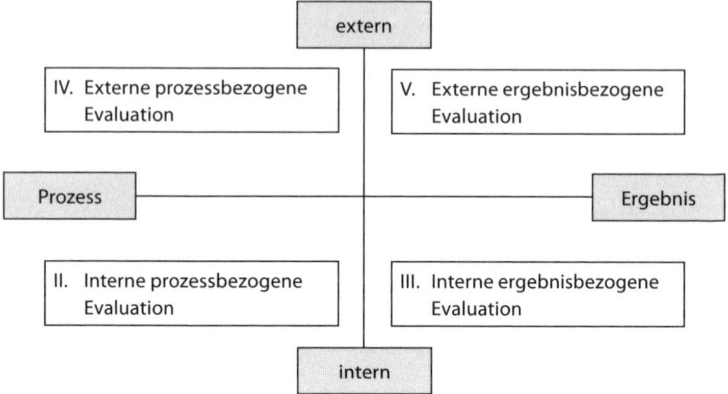

Abbildung 5: Koordinatensystem mit den verschiedenen Evaluationsformen und Zuordnung zu den einzelnen Kapiteln

Sie können natürlich mit dem Kapitel zu lesen beginnen, das Sie am meisten interessiert bzw. das gerade für Sie im Schulalltag besonders aktuell ist. Wenn Sie herausfinden wollen, in welchen Bereich Ihre Fragestellung (aus Übung 1) gehört, können Sie sich folgende Fragen stellen:

Übung 3:

- Wird die Evaluation von außen initiiert (außerhalb der Schule)? Handelt es sich um eine externe Evaluation?
- Geht das Evaluationsvorhaben von Ihnen (Ihrer Schule) aus? Handelt es sich um eine interne Evaluation?

- Bezieht sich Ihr Evaluationsgegenstand auf einen Prozess (z. B. während eines Projekts), ist es also eine prozessbezogene Evaluation?
- Bezieht sich Ihr Evaluationsgegenstand auf ein Ergebnis (z. B. am Ende eines Schuljahres, am Abschluss …)? Ist es eine ergebnisbezogene Evaluation?

Aus beiden Antworten können Sie ableiten, welches Kapitel gerade für Sie am interessantesten ist.

In Abbildung 5 finden Sie das Kapitel, das Ihnen detaillierte Informationen und Tipps bietet, um Ihre Evaluation möglichst effektiv durchzuführen.

In dem Buch beginnen wir mit der internen prozessbezogenen Evaluation, da Sie diese selbst oftmals mit relativ geringem Aufwand durchführen können. Da diese Form der Evaluation auch während eines laufenden Projektes stattfindet, ist es zusätzlich möglich, dass Sie Änderungen aufgrund der Ergebnisse vornehmen. Dazu aber mehr im Kapitel II.

II. Interne prozessbezogene Evaluation des Unterrichts[1]

1. Was ist interne Prozessevaluation?

Zur Einführung in das Thema wird noch einmal auf die Definition von interner Evaluation aus der Einleitung zurückgegriffen:

> *Bei einer internen Evaluation* handelt es sich um eine Evaluation, die von Ihnen selbst oder von Ihrer Schule initiiert wurde.

Das „intern" bei dieser Evaluationsform bedeutet, dass Sie selbst entscheiden, zu welchem Zeitpunkt Sie die Evaluation durchführen, in welcher Form, welche Inhalte mit welchen Instrumenten evaluiert werden und von wem Sie das Feedback für Ihre Evaluation erhalten. Sie können beispielsweise Feedback von Ihren Schülern oder Kollegen erhalten. Darüber hinaus ist die Auswahl des Evaluationsgegenstandes, also welche Frage Sie beantworten möchten, sowie dessen Auswertung und Interpretation ebenfalls Ihnen überlassen.

Neben dem Kennzeichen „intern", wird in diesem Kapitel zusätzlich die Prozessevaluation betrachtet:

> Die *Prozessevaluation,* auch *formative Evaluation* genannt, „… bezieht sich auf einen Prozess, in dem […] Rückkopplungen eingezogen werden. Zwischenergebnisse des Prozesses werden mit Erwartungen verglichen, um Entscheidungen über Prozessoptimierungen zu ermöglichen" (Kuper 2005, S. 18).

1 Dieses Kapitel entstand unter Mitarbeit von Katharina Stenger.

In diesem Buch beschäftigen wir uns in erster Linie mit Methoden der Evaluation von Schulunterricht. Mit der Prozessevaluation können Sie in diesem Zusammenhang beispielsweise folgende Fragen beantworten: Wie schätzen die Schüler meinen Unterricht ein? Welche Verbesserungsmöglichkeiten sehen Kollegen? Wie gut ist meine Interaktion mit den Schülern? Sind die Methoden, die ich im Unterricht einsetze, angemessen?

Wenn Sie die Abbildung aus dem Einleitungskapitel betrachten, befindet sich die interne Prozessevaluation unten links (siehe Abbildung 6):

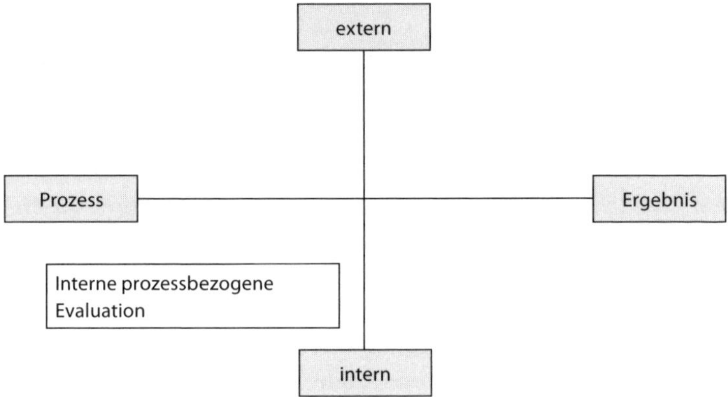

Abbildung 6: Unterschiedliche Formen der Evaluation: Interne Prozessevaluation

2. Merkmale und Formen interner prozessbezogener Evaluation von Unterricht

Haben Sie die Entscheidung getroffen, Ihren Unterricht selbst zu evaluieren, gibt es mehrere Wege, dieses Vorhaben zu realisieren. Zunächst haben Sie die Möglichkeit, Ihren Unterricht durch reine Selbstbeobachtung einzuschätzen (Innenperspektive – Selbstbild) oder zusätzliches Feedback von anderen mit einzubeziehen (Außenperspektive – Fremdbild).

Eine eigene Einschätzung Ihres Unterrichts haben Sie sicherlich schon oftmals durchgeführt. Möchten Sie Ihre Selbstbeobachtung systematisieren, können Sie z. B. ein Logbuch oder Tagebuch nutzen, in dem Sie Ihre Unterrichtserfahrungen regelmäßig festhalten. Sie können auch aktiv Ihr Verhalten im Unterricht und die Reaktionen der Schüler beobachten. Dazu bedarf es allerdings höchster Disziplin und Offenheit für Selbstkritik. Darüber hinaus kann es jedoch auch zu einer Überlastung kommen, denn es ist nahezu unmöglich, zur gleichen Zeit zu unterrichten und sich zu evaluieren. Außerdem kann die Selbstbeobachtung aufgrund von Verzerrungen zu ungenau sein.

Deshalb ist es in vielen Fällen erkenntnisreicher, sich Feedback aus verschiedenen Perspektiven einzuholen, um eine möglichst vollständige Reflexion des Unterrichts zu erhalten. In diesem Fall beziehen Sie zusätzlich eine Außenperspektive für Ihre Evaluation mit ein. Dies beschreiben auch Hermann & Höfer (1999, S. 82): „Wenn Lehrerinnen und Lehrer etwas über sich lernen wollen, benötigen sie zu ihrer Selbstbeobachtung ergänzend unbedingt Beobachtungen aus einer zweiten Perspektive, beispielsweise aus der Schülerperspektive."

Für die interne prozessbezogene Evaluation bieten sich zum einen Ihre Schüler und zum anderen Kollegen als Feedbackgeber an. Entscheiden Sie sich dafür, Ihre Schüler um eine Rückmeldung zu bitten, können Sie sich überlegen, ob sie diese direkt im Unterricht erfragen oder ob sich die Schüler beispielsweise zu Hause damit beschäftigen sollen. Wenden Sie Fragebögen an, können die Schüler diese auch zu Hause ausfüllen. Sie können auch die Eltern der Schüler befragen, um eine zusätzliche Perspektive von außen mit einzubeziehen. Sie sollten dabei jedoch bedenken, dass die Eltern in das Geschehen Ihrer Unterrichtsführung nicht so gut eingebunden sind wie Ihre Schüler.

Die Befragung von Schülern kann Vor- und Nachteile haben. Auf diese wird im Abschnitt „Feedback von Schülern" genauer eingegangen.

Neben Selbstbeobachtung und Schülerfeedback gibt es Methoden, die es Ihnen ermöglichen, von Kollegen Rückmeldungen zu erhalten, nachdem diese in Ihrem Unterricht hospitiert haben. Dabei handelt es sich um Unterrichtsbesuche, bei denen ein Kollege Ihr Unterrichtsverhalten beobachtet. Nach der Hospitation kann der Kollege Ihnen das erarbeitete Feedback präsentieren. Zur besseren Analyse des Unterrichts während der Hospitation kann dieser aufgezeichnet werden. Dadurch können Sie gemeinsam mit Ihrem Kollegen den Unterricht noch einmal ansehen und ihn genauer analysieren. Die Aufzeichnung erfolgt mit verschiedenen Protokollierungsmethoden. Es können vorgefertigte Beobachtungsbögen eingesetzt werden, die entweder standardisiert sind (z. B. die Bögen der externen Evaluation von Schulen) oder die spezifisch auf Ihr Evaluationsziel ausgerichtet sind. Ein möglicher Nachteil der Hospitation ist, dass Sie den Unterricht in dieser Stunde anders als sonst gestalten, weil Sie befürchten könnten, zu stark kritisiert zu werden. Deshalb ist es wichtig, dass diese Art der Evaluation auf einer Vertrauensbasis geschieht und Sie nur diejenigen Kollegen einladen, denen Sie vertrauen können.

Vorzüge der internen Evaluation sind, dass Sie als Lehrkraft ausgeprägte Kenntnisse über den zu evaluierenden Bereich haben, sich selbst Ziele setzen können und wissen, was Sie für sich mit einer Evaluation erreichen möchten bzw. auf welche Aspekte Sie besonders Wert legen. Des Weiteren unterliegen Sie weniger dem Gefühl der Kontrolle, welches bei einer Evaluation durch außenstehende Personen oder Institutionen leichter entstehen kann. Allerdings erfordert die interne Prozessevaluation mehr Zeitaufwand und Disziplin.

Auch bei der internen prozessbezogenen Evaluation sollten Sie die einzelnen Schritte der Evaluation durchlaufen (siehe Abbildung 3). Das bedeutet, dass Sie, bevor Sie sich für eine Evaluationsmethode entscheiden, die Ziele und Inhalte der Evaluation formulieren. Sie sollten sich also klarmachen, welchen Sachverhalt Sie evaluieren wollen. Dabei handelt es sich oftmals um nicht direkt beobachtbare Sachverhalte wie z. B. *Zufrieden-*

heit mit dem Unterricht. Deshalb können Sie diese Aspekte nur anhand von Indikatoren erschließen. Indikatoren sind Anzeiger, an denen Sie die Ausprägung bzw. das Vorhandensein eines bestimmten Sachverhalts erkennen bzw. die Sie zur Messung einer bestimmten Ausprägung nutzen können.

Anschließend wählen Sie die angemessene Methode aus. Gerade im Rahmen von Schülerfeedback ist es notwendig, dass Sie die favorisierte Methode im Unterricht einführen und ausreichend erklären. Gegebenenfalls können Sie auch mit einem Prototyp die Methode in der Klasse erproben. Im nächsten Schritt findet die Datensammlung statt.

Es folgt die Auswertung der Ergebnisse. Falls die Schüler an der Evaluation beteiligt waren, sollten Sie die Resultate in der Klasse besprechen. Danach können Sie sich die Frage stellen, welche problematischen Aspekte tatsächlich veränderbar sind und wie Sie Verbesserungsideen umsetzen können.

In Bezug auf die prozessbezogene Selbstevaluation können Sie sich folgende Fragen stellen:

Übung 4:

- Ist aktuell eine Fragestellung aus dem Bereich der internen Prozessevaluation für Sie relevant?
- Falls ja, können Sie Ihre Frage noch genauer spezifizieren:
- Welche spezifische Frage haben Sie? Welchen Bereich würden Sie gerne evaluieren?
- Welche Indikatoren gibt es, die Hinweise auf Ihre Frage geben?
- Von wem möchten Sie Feedback erhalten (Schüler/Kollegen)?
- Kann es zusätzlich nützlich sein, die Eltern ins Feedback mit einzubeziehen?

3. Beispiele und Instrumente der internen prozessbezogenen Evaluation von Unterricht

3.1 Feedback von Schülern

Was bedeutet Feedback in unserem Kontext überhaupt?
Feedback bedeutet in erster Linie, dass sich zwei oder mehrere Personen oder Parteien direkt, offen und der Situation angemessen über Beobachtungen und Bewertungen bezüglich bestimmter Fragestellungen austauschen, um ein gemeinsames Verständnis für ein Thema zu schaffen. Bezogen auf den Unterricht heißt das, dass der aktuelle Zustand des Unterrichts wahrgenommen und beurteilt wird. Auf Basis dieser Beurteilung werden dann Veränderungen bzw. Verbesserungen angestrebt.

Wichtig dabei ist, dass Sie betonen, dass das Feedback freiwillig ist, damit sich kein Schüler gezwungen fühlt, eine Rückmeldung zum Unterricht zu geben. Darüber hinaus sollten Sie klar machen, dass die Rückmeldung keinen Einfluss auf die Leistungsbeurteilung Ihrer Schüler hat. Falls Sie Bedenken haben, ob sich Ihre Schüler trauen, direkt Feedback zu geben, können Sie sich das Feedback auch in anonymisierter Form (z. B. schriftlich) einholen.

Der zentrale Vorteil des Feedbacks durch Schülerbefragung besteht darin, dass Schüler eine gewisse Langzeiterfahrung mit Schule, Unterricht und Lehrern besitzen. Sie kennen Lehrkräfte sowohl im Vergleich mehrerer Fächer als auch im Vergleich über die Schulzeit hinweg (Ditton 2002).

Wenn Sie Feedback von Ihren Schülern erhalten möchten, können Sie dies mündlich oder schriftlich einholen. Innerhalb dieser beiden Varianten gibt es unterschiedliche Methoden, auf die wir im Folgenden eingehen.

3.2 Schriftliche Befragung von Schülern

Eine Möglichkeit der schriftlichen Schülerbefragung ist der Einsatz von Fragebögen. Sofern Sie keinen eigenen Fragebogen entwerfen wollen, können Sie auf bereits existierende Fragebögen oder Teile von Fragebögen zurückgreifen, die Ihnen zur Verfügung gestellt werden. Diese finden Sie z. B. online (SEIS, siehe Kapitel „Externe prozessbezogene Evaluation") oder in Büchern (z. B. Helmke 2003). Sie können auch solche Fragebögen nutzen, die von der externen Evaluation von Schule (Schulinspektion) entwickelt wurden. Diese haben den Vorteil, dass sie sich an den Qualitätskriterien für guten Unterricht orientieren, nach denen auch bei der Schulinspektion gefragt wird.

Die Vorzüge eines selbstentwickelten Fragebogens liegen in der individuellen Gestaltung, d. h. Sie können im Detail entscheiden, was Sie von den Schülern wissen wollen und welche Schwerpunkte Sie setzen wollen. Bevor Sie Ihren eigenen Fragebogen entwerfen, stellen Sie sich noch einmal die Frage, was Sie genau herausfinden möchten und entwickeln Sie eine Grobstrukturierung, indem Sie Bereiche festlegen, die Sie evaluieren wollen (z. B. Spaß der Schüler am Unterricht, das Lernklima in der Klasse, beliebte oder unbeliebte Unterrichtsmethoden der Klasse). Danach können Sie zu der Formulierung einzelner Fragen oder Aussagen übergehen. Beachten Sie dabei, dass jede Frage auch repräsentativ für den Sachverhalt, den Sie messen möchten, ist. Lautet mein Evaluationsgegenstand z. B. *Zufriedenheit des Schülers mit dem Unterricht* sollten die Aussagen in Ihrem Fragebogen sich auf Aspekte beziehen, aus denen man diese Zufriedenheit ableiten kann. Beispiel: *„Der Unterricht macht mir Spaß!"*

Wichtig ist hierbei aber auch, dass Sie einen Sachverhalt mit mehreren Aussagen oder auch Fragen erfassen. Denn meist hat ihr Evaluationsgegenstand unterschiedliche Facetten. Geht es also um die Zufriedenheit Ihrer Schüler mit dem Unterricht, können Sie nach dem Spaß, aber auch nach dem Lerngewinn, nach der Aufbereitung der Themen (sind diese beispielsweise interessant?), der Zufriedenheit mit den Unterrichtsmethoden oder dem Lerntempo fragen. Es geht also darum, den Evaluationsgegenstand in kleine, messbare Unterthemen einzuteilen. Danach können Sie zu jedem einzelnen Unterthema verschiedene Fragen (Items) erstellen, die auf Ihr Interessengebiet bei der Evaluation zielen.

So fordern Sie die Schüler direkt auf, eine Entscheidung zu treffen. Sie können aber auch konkrete Fragen stellen (*„Was würdest du gerne am Unterricht verändern?“)* um eine genauere Stellungnahme zu einem Sachverhalt zu bekommen. Es gibt also zwei Möglichkeiten, eine Frage zu formulieren. Bei einer offenen Frage geben Sie dem Schüler die Gelegenheit, selbst eine Antwort zu formulieren. Bei einer geschlossenen Frage geben Sie mehrere Antwortalternativen vor, unter denen der Schüler die für ihn passende Antwort finden muss. Falls Sie offene Antwortformate verwenden möchten, ist es wichtig, dass Sie die Frage so konkret wie möglich formulieren. Unser gewähltes Beispiel „Was würdest du gerne am Unterricht ändern?“ ist sehr weit gefasst und kann alle möglichen unterschiedlichen Antworten provozieren – unter Umständen erhalten Sie bei einer solch offenen Fragestellung nicht die Antworten, die Sie interessieren. Falls Sie beispielsweise wissen möchten, welche Methoden und Sozialformen Ihren Schülern besonders entgegenkommen, sollten Sie diese gezielt danach fragen. Sie merken an dieser Stelle sicherlich auch, dass offene Fragen, oftmals größeres Vorwissen von den Schülern verlangen. So können die Schüler nur Auskunft zum Einsatz von bestimmten Methoden machen, wenn sie diese kennen und auch benennen können.

Unter den geschlossenen Frageformaten gibt es weitere Unterscheidungen:

– Auswahlfragen:

Beispiel: *Wie oft hast du im Unterricht in diesem Schuljahr gefehlt?*

❑ Noch nie	❑ 3–5 mal
❑ 1–2 mal	❑ häufiger als 5 mal

Wenn Sie im Rahmen einer Schülerbefragung Auswahlfragen stellen, dann sollten Sie darauf achten, dass die Antwortalternativen alle möglichen Antworten der Schüler abdecken. Würde in diesem Beispiel die letzte Kategorie „5- bis 10-mal gefehlt" lauten, so könnten sich Schüler, die mehr als 10 Fehltage haben nicht richtig zuordnen.

Ebenso ist es wichtig, dass sich die Schüler eindeutig einer Kategorie zuordnen können bzw. dass es keine Überschneidungen der Antwortkategorien gibt. Wären die Kategorien mit „1- bis 2-mal", „2- bis 3-mal" beschrieben, so wäre für einen Schüler, der genau zwei Fehltage hat, nicht klar, welchen Bereich er ankreuzen soll.

– Skalierte Fragen:
Beispiel: *Inwieweit trifft folgende Aussage auf dich zu?*
Ich finde das im Unterricht behandelte Thema interessant.

❑	❑	❑	❑	❑
stimmt absolut	stimmt eher	neutral	stimmt eher nicht	stimmt gar nicht

Die Anzahl der Abstufungen ist Ihnen überlassen. Haben Sie einen neutralen Mittelpunkt, kann eine Tendenz zur Mitte entstehen. Das kann bedeuten, dass Schüler sich gerade bei schwierigen Fragen „in die goldene Mitte flüchten", also bei auffallend vielen Fragen immer den neutralen Mittelpunkt ankreuzen. Lassen Sie den Mittelpunkt weg, muss der Schüler eine überlegte Entscheidung in die positive bzw. negative Richtung treffen. Allerdings sollten alle Fragen den gleichen Wertebereich haben, d. h. die gleiche Anzahl von Stufen. In der Praxis hat sich eine Anzahl von vier bis sieben Abstufungen bewährt. Gerade bei jüngeren Schülern sollten Sie jedoch eine kleinere Anzahl an Abstufungen wählen.

Des Weiteren können Sie zwischen einer verbalen Antwortskala (wie in unserem Beispiel für skalierte Fragen) und einer numerischen Antwortskala (von -5 bis +5) oder einer figuralen Antwortskala (z. B. Smilies) wählen (Bühner 2004).

Im Allgemeinen ist das geschlossene Frageformat beim Ausfüllen und Auswerten des Fragebogens im Vergleich zum offenen Antwortformat zeitsparender. Das offene Frageformat bietet hingegen einen größeren Detailreichtum in den Antworten und Sie können einen tieferen Einblick in die Einschätzungen und Meinungen Ihrer Schüler gewinnen.

Relevant bei der Formulierung von Fragen ist, dass die Fragen klar und einfach formuliert sind und jeweils nur einen Grundgedanken enthalten. Die Aussage „Ich mache jeden Tag meine Hausaufgaben." ist beispielsweise einfacher zu beantworten als „Ich mache jeden Tag meine Hausaufgaben und bin dabei motiviert.". Die zweite Aussage erfragt zwei verschiedene Themen: Hausaufgaben und Motivation. Das sollten Sie getrennt halten, damit der Schüler weiß, worauf sich das Item bezieht. Denn was sollte ein Schüler antworten, wenn er zwar seine Hausaufgaben regelmäßig erledigt, dies aber ohne große Motivation tut? Eine Frage sollte kurz sein, d. h. in der Regel nicht mehr als 20 Wörter enthalten. Damit Ihre Schüler die Fragen verstehen, sollten Sie keine zu komplizierten Sätze formulieren und keine doppelte Verneinung einbauen. Darüber hinaus sollten Sie keine Häufigkeitswörter wie *immer, selten, nie* … oder möglicherweise unbekannte Fachbegriffe verwenden. Ein weiterer wichtiger Punkt ist, dass Sie keine Suggestivfragen benutzen, die zu einer „gewünschten" Antworttendenz führen können. Fragen, die z. B. mit „Findest du nicht auch, dass …, Hättest du nicht auch gerne … usw." beginnen, können das Ergebnis verzerren.

Bei Fragebögen kann eine Antworttendenz entstehen. Das heißt, die Schüler neigen dazu, den ganzen Fragebogen hindurch zu positive bzw. zu negative Antworten zu geben. Um eine positive oder negative Antworttendenz zu vermeiden, können Sie manche Fragen invers formulieren. Das bedeutet, dass sich hier die Extrempole der Antwortskala umdrehen, so z. B.: „Das behandelte Thema macht mir *keinen* Spaß." Wechseln Sie zwischen normal und invers formulierten Fragen.

In der Regel ist es angebracht zwischen 15 und 30 Fragen zu stellen, die Anzahl können Sie, je nachdem wie viel Informationen Sie benötigen, reduzieren oder erhöhen. Natürlich richtet sich die Anzahl und Schwierigkeit der Fragen nach dem Alter Ihrer Schüler.

Wenn Sie einen Fragebogen entwickelt haben und diesen nun in der Klasse ausfüllen lassen, sollten Sie betonen, dass die Daten der Schüler anonym sind und dass die Evaluation der Unterrichtsverbesserung dient. Während die Schüler den Fragebogen ausfüllen, sollen sie sich nicht beobachtet fühlen. Vermeiden Sie es daher, in der Klasse umherzugehen. Sie können den Schülern die Fragebögen auch mit nach Hause geben, damit die Unterrichtszeit nicht zu stark gekürzt wird.

Fragebögen sind nicht für alle Evaluationsbereiche geeignet. So können vor allem jüngere Schüler kaum das Schulleiterhandeln einschätzen. Für eine Evaluation dieses Bereiches wäre der Schülerfragebogen also wenig geeignet. Ebenso haben Schüler z. B. keinen oder nur wenig Einblick in das Fortbildungsverhalten der Lehrkräfte oder den Ablauf von Fachkonferenzen. Eine Schülerbefragung macht auch dann keinen Sinn, wenn Sie Bereiche evaluieren möchten, die den Schülern nicht bewusst sind oder ihnen zur Beantwortung der Fragen notwendiges Wissen fehlt. Die Frage, ob sich der Unterricht an den Bildungsstandards orientiert, können die Schüler nur dann beantworten, wenn Sie auch Kenntnis von diesen Standards haben, was insbesondere bei jüngeren Schülern nur selten der Fall sein dürfte. Eine Befragung von Schülern zu diesen Themen könnte zu Verzerrungen im Antwortverhalten bzw. zu nicht verwertbaren Evaluationsergebnissen führen.

Es empfiehlt sich also, vorher abzuwägen, inwiefern ein Fragebogen in einem speziellen Fall nützlich ist. Darüber hinaus ist die Erstellung und Auswertung eines Fragebogens relativ zeitaufwändig und anspruchsvoll (Bürger & Schmid 2004).

3.3 Mündliche Feedbackmethoden

Eine andere Herangehensweise bietet die mündliche Befragung in Form eines *strukturierten Interviews*. Strukturiert bedeutet, dass das Interview nach einem bestimmten Leitfaden durchgeführt wird. Dieses Vorgehen erhöht die Objektivität, vor allem bei weniger erfahrenen Interviewern. Objektivität heißt hier, dass die Durchführung, die Auswertung und die Interpretation des Interviews unabhängig vom Interviewer und der auswertenden Person sind. Um Unannehmlichkeiten zu vermeiden, sollte das Interview von einem Kollegen durchgeführt werden. Wichtig ist, dass die zu stellenden Fragen vorher genau definiert werden, dass nicht suggestiv gefragt wird (siehe Fragebogenkonstruktion) und dass niemals auf eine Antwort gedrängt wird.

Beim strukturierten Interview gelten bestimmte Regeln:
Am besten stellen Sie Fragen des offenen Formats, sodass der Schüler die Möglichkeit hat, seinen Standpunkt zu erläutern. Der Schüler darf immer ausreden, es darf nicht ins Wort gefallen werden. Dennoch soll der Schüler aufgefordert werden, keine Verallgemeinerungen wie „Der Lehrer macht immer/niemals …“, oder unangemessene Ausdrücke zu benutzen (Baukloh-Herzig 2000).

Das strukturierte Interview bietet die beste Gelegenheit, viele unterschiedliche Standpunkte zu erfassen und detaillierte Informationen zu einem bestimmten Problem zu erhalten.

Ein Mangel des Interviews besteht darin, dass die Anonymität bei dieser Art der Befragung nicht in dem Maße gegeben ist, wie sie das bei einer schriftlichen Befragung ist. Das kann zu Hemmungen oder Verweigerung führen. Da es in vielen Fällen nicht realistisch sein wird, alle Schüler einer Klasse zu befragen, können Sie auch Interviews mit einer Auswahl von Schülern durchführen. Jedoch sollten Sie darauf achten, dass Sie keine selektive Auswahl an Schülern haben und beispielsweise nur gute oder motivierte Schüler an dem Interview teilnehmen wollen.

Neben den Einzelbefragungen von Schülern gibt es die Methode der *moderierten Sitzung*. Wenn Sie einzelne Schüler befragen, traut sich mancher vielleicht nicht, das zu sagen, was er eigentlich denkt. Dieser Problematik können Sie aus dem Weg gehen, indem Sie die Schüler zu Gruppen zusammenfassen, um ein einheitliches Feedback in der Klasse zu erhalten. Als Lehrkraft sollten Sie bei der moderierten Sitzung anwesend sein, jedoch wird das Feedback allein von den Schülern erarbeitet. Ihre Aufgabe ist lediglich, die Sitzung angemessen zu strukturieren. Zunächst wählen Sie unter den Schülern zwei Moderatoren aus. Davon leitet ein Schüler aktiv das Gespräch und der andere fasst die wichtigsten Punkte an der Tafel zusammen. Zwischen einzelnen Sitzungen können die Moderatoren wechseln, sodass unterschiedliche Schüler die Möglichkeit haben, das Gespräch zu führen. Eine wichtige Aufgabe der Moderatoren ist, dass sie keine Stellung zu den erbrachten Äußerungen der Klasse nehmen, sondern lediglich das Feedback sammeln. Gegebenenfalls können sie bei unverständlichen Aussagen nachfragen, allerdings ohne eine Interpretation zu äußern. Des Weiteren sollen die Moderatoren dafür sorgen, dass sich jeder Schüler, der möchte, an der Diskussion beteiligt und niemand vom Thema abweicht. Vorab sollten Sie als Lehrer betonen, dass jede Aussage festgehalten wird, da alle Meinungen gleich gewichtet werden. Weisen Sie die Schüler darauf hin, dass jede Äußerung nur einen Grundgedanken enthalten soll. Darüber hinaus ist es wichtig, alle Meldungen in ganzen Sätzen zu notieren, um ein besseres Verständnis zu sichern. Außerdem soll jede Aussage kurz und eindeutig sein und es darf jeweils immer nur ein Schüler sprechen. Um später einen besseren Überblick gewährleisten zu können, ist es von Vorteil, eine visuelle Präsentation aller geäußerten Meinungen an der Tafel oder auf einem Plakat festzuhalten.

In Gruppendiskussionen kann es passieren, dass Desinteresse, Hemmungen oder Aggressionen entstehen. Darum ist es wichtig einen Notfallplan zu haben. Sie können um eine „Auszeit“ bitten, wenn die Diskussion zu stocken oder zu eskalieren droht. In dieser Auszeit kann sich jeder Schüler noch einmal

Gedanken machen, was er eigentlich mitteilen will und danach sollen alle reihum erklären, warum sie eine bestimmte Reaktion (wie Desinteresse oder Aggression) gezeigt haben und wie sie zukünftig solche Reaktionen vermeiden können. Damit die moderierte Sitzung nicht aus dem Ruder läuft, sollten Sie vorab eine Strukturierung der Sitzung vornehmen (Bastian et al. 2007).

Möchten Sie die Klasse nicht zu stark in Moderatoren und Restgruppe teilen, empfiehlt sich die Methode *Fishbowl*. Dabei werden zwei Stuhlkreise gebildet, ein äußerer und ein innerer Kreis. Innen finden sich drei bis fünf Schüler zusammen, die aktiv eine Diskussion führen. Die Schüler im äußeren Sitzkreis verfolgen das Gespräch und können jederzeit mit einer Person im Innenkreis tauschen um sich zu beteiligen. Diese Methode ist besonders geeignet für größere Klassenverbände (Bürger & Schmid 2004).

Ein Feedbackverfahren, das am Ende des Unterrichts schnell durchgeführt werden kann, ist das *Blitzlicht*. Das Blitzlicht ist eine kurze Gesprächsrunde, bei der jeder Schüler allgemein oder zu einer spezifisch formulierten Frage zum vorangegangenen Unterricht eine Rückmeldung geben kann. Dabei werden reihum alle Schüler kurz gefragt, was ihnen an der vorangegangenen Unterrichtsstunde gefallen oder nicht gefallen hat. Bei jüngeren Schülern können Sie eine Art „Mikrophon" einführen; nur der Schüler, der das Mikrophon in der Hand hält, darf sprechen. Anstelle eines Mikrophons können Sie auch einen Ball verwenden, den sich die Schüler untereinander zuwerfen (Bastian et al. 2007).

Konzentriert sich Ihre Evaluation nur auf einen begrenzten Bereich, können Sie dazu Feedback mit der *Ein-Punkt-Abfrage* einholen. Dazu benötigen Sie lediglich ein großes Blatt Papier und Stifte oder Klebepunkte. Weiterhin brauchen Sie ein Instrument wie ein aufgemaltes Thermometer, welches zur Orientierung bei Rückmeldungen dient. Das Thermometer können Sie groß an die Tafel oder auf das Papier malen. Es eignet sich daher gut als Instrument, da es zwei Pole hat: heiß (oben) und kalt (unten) – eine positive oder negative Einschätzung.

Jeder Schüler kann einen Klebepunkt oder eine Markierung an die Stelle setzen, die er für angemessen hält. Fragen Sie die Schüler beispielsweise nach der Zufriedenheit mit Ihrem Unterricht, bezeichnet der untere Teil des Thermometers *Un*zufriedenheit. Je höher die Markierung, desto zufriedenstellender ist Ihr Unterricht. Um Anonymität bei der Anbringung der Markierungen zu gewährleisten, sollten Sie die Schüler nicht beobachten können, wenn sie die Klebepunkte anbringen. Als alternative Variante können Sie auch jedem Schüler ein eigenes Blatt mit einem Thermometer austeilen und die Blätter anschließend von einem Schüler einsammeln lassen.

Falls Sie nicht nur eine, sondern lieber zwei Dimensionen abfragen möchten, können Sie auch eine Vier-Felder-Tafel zu mehreren Themen erstellen, z. B. zur Zufriedenheit des Schülers mit der Zusammenarbeit und dem Ergebnis des Unterrichts (vgl. Abbildung 7).

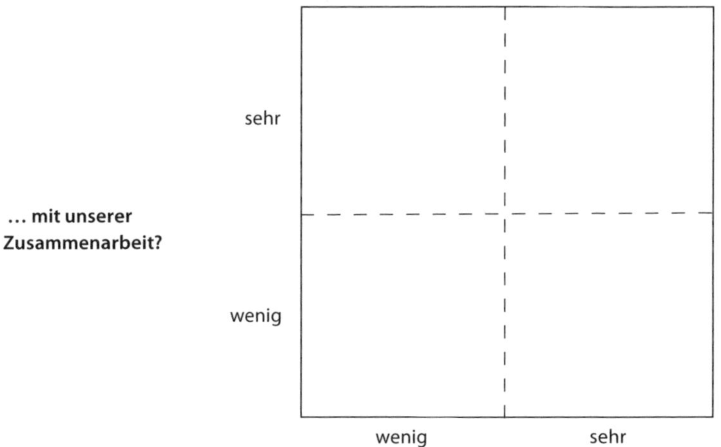

Abbildung 7: Schema für die Punktabfrage, angelehnt an Bürger & Schmid (2004)

Abbildung 8: Schema für die Evaluationszielscheibe, angelehnt an Bürger & Schmid (2004)

Nun kann die Einschätzung der individuellen Zufriedenheit mit einem Klebepunkt oder einer sonstigen Markierung erfolgen. Hier können Sie entweder ein großes Feld an die Tafel malen oder jedem Schüler seine eigene Vier-Felder-Tafel aushändigen.

Möchten Sie zu mehr als zwei Aspekten Feedback erhalten, können Sie die *Mehr-Punkt-Abfrage* nutzen. Dazu stehen wieder mehrere Instrumente zur Verfügung. Eine Art der Darstellung ist die Evaluationszielscheibe. Jeder Schüler bekommt eine Zielscheibe mit den relevanten Beurteilungsbereichen. Nun können die Schüler ihre Markierungen vornehmen: Zur Mitte hin werden die Bewertungen positiver, am Rand sind sie negativ. Die Anzahl der Felder in der Zielscheibe ist Ihnen überlassen.

Ein sehr ökonomisches Verfahren ist das *schwarze Brett*. An einer Wand des Klassensaals oder der Schule können Sie Fragen an der Wand befestigen, deren Beantwortung Sie interessiert. Solche Fragen können sein: „Wie viele Minuten hast du gestern für deine Hausaufgaben gebraucht?; Wenn du eine Sache an unserer Klasse/Schule sofort ändern könntest, was würdest du ändern?“ (Burkard & Eikenbusch 2000 S. 181). So können Sie mit relativ wenig Aufwand auch regelmäßig Schülereinschätzungen abfragen. Die Schüler können beispielsweise täglich eine Antwort auf die bereitliegenden Kärtchen schreiben.

Möchten Sie eine umfassende Evaluation durchführen, sollten Sie auf die *Stärke-Schwäche-Analyse* bzw. *SOFT-Analyse* zurückgreifen (Bürger & Schmid 2004). SOFT ist ein Akronym für:

Satisfactions = Zufriedenheit bzw. befriedigende Ergebnisse
Opportunities = Möglichkeiten, Chancen, Herausforderungen
Faults = Schwächen, Fehler, Probleme, Unzulänglichkeiten
Threats = Bedrohungen, potentielle Gefahren

Gegenwart	**Zukunft**
Zufriedenheit (Satisfaction) – Worauf sind wir stolz? – Was sollten wir beibehalten? – Worauf kann aufgebaut werden?	Möglichkeiten (Opportunities) – Was sind unsere Möglichkeiten? – Was sollten wir nutzen? – Wo lohnt es sich zu investieren?
Schwächen (Faults)	**Bedrohungen (Threats)**
– Was stört uns? – Was behindert die Arbeit? – Was sollte vermieden werden? – Was sollte verändert werden?	– An welchen Stellen müssen wir vorsorgen? – An welchen Stellen lauern „Gefahren“? – Welche Lösungen können wir vorbereiten?

Abbildung 9: SOFT-Analyse, siehe auch Bürger & Schmid (2004)

Dabei wird zum einen die Dimension *Stärken-Schwächen* als auch die Dimension *Gegenwart-Zukunft* einbezogen. Diese Einteilung lässt ein Raster entstehen, an welchem sich die Rückmeldungen orientieren. Alle Schüler können zu den einzelnen Themen Aussagen formulieren und diese auf Kärtchen schreiben. Abbildung 9 zeigt, was zu den Dimensionen zu formulieren ist.

Ein Mittel, um positive gegen negative Aspekte des Unterrichts abzuwägen, bietet die *Kraftfeld-Analyse* (vgl. Abbildung 10). Hier werden fördernde und hemmende „Kräfte" mithilfe von Pfeilen gegenübergestellt. Längere Pfeile stellen ein starkes Argument dar, kurze Pfeile beschreiben ein weniger wichtiges Argument. Argumente sind bei dieser Methode einzelne Aussagen zur Lern- und Unterrichtssituation, untergliedert in förderliche und hinderliche Bedingungen. Jeder Schüler nimmt für sich selbst eine Kraftfeld-Analyse vor, indem er seine Argumente in ein Kräftefeld auf einem Blatt Papier notiert.

förderliche Bedingungen	hinderliche Bedingungen
Es wurde auf meine Rückfragen eingegangen.	Die Aufgaben waren zu schwer.
Die Gruppenarbeit hat Spaß gemacht.	Die Arbeitsblätter waren unübersichtlich.
Der Lehrer hat verständlich erklärt.	Die Bearbeitungszeit für die Aufgaben war zu kurz.
1 2 3 4 5	5 4 3 2 1

Abbildung 10: Kräftefeld-Analyse nach Bürger & Schmid (2004)

Die Skala hilft Ihnen die Länge der Pfeile einzuschätzen. Nachdem jeder Schüler eine Analyse durchgeführt hat, werden die Ergebnisse gesammelt und auf Gemeinsamkeiten untersucht. Zum Schluss können Sie gemeinsam mit Ihren Schülern Interpretationen und Lösungsvorschläge erörtern. Wenn Sie die Länge der Pfeile mit berücksichtigen wollen, können Sie einen Index berechnen (nähere Infos dazu stehen im Kapitel: Schulrelevante statistische Kennwerte und methodische Prüfverfahren).

Mit einfachen Verfahren wie dem *Ampel-Feedback* können Sie auch mit jüngeren Schülern Feedbackrunden durchführen. Dabei findet eine direkte Stellungnahme der Schüler zu vorher festgelegten Kriterien im Unterricht statt. Jeder Schüler erhält vor Beginn des Unterrichts drei farbige Karten (rot-gelb-grün). Die Ampel-Kärtchen können z. B. dazu verwendet werden, in bestimmten Zeitabständen zu erfragen, ob die Schüler alles verstanden haben (Bürger & Schmid 2004). In diesem Fall bezeichnet *rot = Ich habe das letzte Thema nicht verstanden*, *gelb = Ich bin mir nicht sicher, ob ich das letzte Thema richtig verstanden habe* und *grün = Ich habe das letzte Thema gut verstanden.*

Möchten Sie Informationen über das Klassen- oder Lernklima erhalten, können Sie eine *Wetterkarte* an einer Wand des Klassensaals anbringen. Nach jeder Unterrichtsstunde werden Fragen zum Klassenklima gestellt, die dann mit Smilies oder Wettersymbolen (*Sonne, Regen, Bewölkt, Sturm …*) an der Wand beantwortet werden (Bürger & Schmid 2004). Sie stellen Ihren Schülern eine andere spezifische Frage, wie z. B.: „Hast du heute im Unterricht viel gelernt?" und schreiben die Frage auf die angebrachte Wetterkarte. Jeder Schüler kann danach sein eigenes Symbol auf ein Kärtchen malen und unter die Frage an die Wetterkarte hängen oder Sie legen auf dem Pult alle verfügbaren Kärtchen aus und jeder Schüler sucht das für ihn passende aus.

Für alle oben genannten Feedbackmethoden gilt, dass es notwendig ist, sie vorab im Unterricht vorzustellen und zu erklären. Die vorgenommene Evaluation sollte für den Schüler nachvollziehbar und verständlich sein. Weisen Sie Ihre Schüler darauf hin, dass eine Evaluation auch für sie von Vorteil ist, da sie somit aktiv zu einem besseren Unterricht beitragen können. Wichtig ist, den Schülern verständlich zu machen, dass nur

Aspekte, die veränderbar sind, auch wirklich verbessert werden können. Weisen Sie immer wieder darauf hin, dass die Rückmeldungen Ihrer Schüler keine Auswirkungen auf die Schulnoten haben.

3.4 Vor- und Nachteile von Schülerfeedback

Schülerfeedback hat mehrere Vorzüge: Schüler haben eine gewisse Vorerfahrung mit Unterricht und sind fest in verschiedene Unterrichtsstile eingebunden. So haben sie schon Erfahrungen gemacht und wissen, mit welcher Unterrichtsform sie besser zurecht kommen. Weiterhin bieten die Klassen eine relativ große Stichprobe, sodass Klassenmittelwerte mögliche Verzerrungen und Fehler eingrenzen (allerdings nicht eliminieren). Gibt es innerhalb eines Unterrichtsmerkmals eine klasseninterne Streuung, kann diese als ein Grad der Übereinstimmung bzw. Uneinigkeit unter den Schülern der Klasse verstanden werden.

Lautet Ihr Unterrichtsmerkmal z. B. *Spaß an der Gruppenarbeit*, vergeben die Schüler, die Spaß an der Gruppenarbeit haben, niedrigere Punktwerte (in einem Fragebogen beispielsweise, siehe Kapitel „Schriftliche Befragung von Schülern") und die Schüler, die keinen Spaß daran haben, vergeben höhere Punktwerte. Berechnen Sie nun einen Mittelwert der Klasse für dieses Unterrichtsmerkmal, erhalten Sie einen Durchschnittswert. Es ist jedoch fraglich und sehr unwahrscheinlich, dass jeder Schüler genau diesen Durchschnittswert angekreuzt hat, denn es gibt ja Schüler, die tatsächlich Spaß haben und welche, die keinen Spaß haben. So entsteht eine klasseninterne Streuung, die anzeigt, wie einig bzw. uneinig sich die Schüler in einer bestimmten Aussage oder Frage sind. Eine geringe Streuung heißt also, dass sich die Schüler einig sind (entweder haben die Schüler Spaß oder nicht) und ein großer Streuungswert bedeutet, dass sich die Schüler weniger einig sind (manche haben Spaß, andere nicht). Weitergehende Ausführungen zu Mittelwert und Streuung finden Sie in dem Kapitel „Schulrelevante statistische Kennwerte und methodische Prüfverfahren“.

Nachteilig hingegen kann eine mangelnde Kompetenz oder Desinteresse mancher Schüler sein. Dies ist beispielsweise der Fall, wenn sie die Evaluation nicht ernst nehmen und die Daten dadurch unangemessen verzerren. Auch das Gegenteil kann der Fall sein; Schüler können im Sinne der sozialen Erwünschtheit die Daten in eine positive Richtung verzerren. Darüber hinaus kann es möglich sein, dass gerade jüngere Schüler die Expertise der Lehrkraft nicht richtig einschätzen können oder nicht wissen, wie ein idealer Unterricht aussehen kann. Zusätzlich haben Schüler ihre Lieblings- oder weniger gemochten Lehrer, diese Erkenntnis schränkt die Objektivität des Feedbacks ein. Nicht zuletzt können Ihre Schüler von einer Evaluation überfordert sein, wenn Ihre Feedbackmethode zu kompliziert oder zu zeitaufwändig ist. Dann kann es passieren, dass die Schüler die Lust und die Motivation verlieren (Helmke 2003).

Übung 5:

Sie können sich folgende Fragen stellen:
- Welche Erfahrungen haben Sie bisher mit Schülerrückmeldungen zu Ihrem Unterricht gemacht?
- Für welche Fragestellung hätten Sie gerne Rückmeldung von Ihren Schülern?
- Welche Feedbackmethode erscheint Ihnen für Ihre Fragestellung angemessen?

3.5 Feedback von Kollegen

Möchten Sie die Evaluation Ihres Unterrichts einer anderen Lehrperson überlassen, können Sie Feedback von Kollegen in Form von Unterrichts-Hospitationen einholen. Solche Unterrichtsbesuche haben den Vorteil, dass die Evaluation auf der Grundlage einer fundierten Beobachtung eines „Experten“ basiert. Dabei stellt der eigentliche Vorgang der Hospitation keine Feedbackmethode dar. Das Feedback entsteht erst, wenn die dokumentierten Daten aus Ihrem Unterricht bewertet und interpretiert werden. Ein Kollege, der Ihre Vorstellungen von gutem Unterricht teilt, kann gut nachvollziehen, welche Faktoren Ihnen bei der Evaluation wichtig sind und kann Ihnen mit Verbesserungsvorschlägen dabei helfen, mögliche Schwachstellen zu beseitigen. Allerdings geht es bei der Hospitation nicht nur darum, dass sich beide Lehrkräfte einig sind, denn sonst können Fehlkonzepte gefestigt werden. Grundlegend ist immer die Orientierung an den Qualitätsstandards für Unterricht.

Wie wir zu Beginn des Kapitels bereits angesprochen haben, sollte die Hospitation auf einer Vertrauensbasis erfolgen, um Gefühle der Kontrolle oder Machtausübung durch andere zu vermeiden. Nur so kann eine natürliche Unterrichtssituation entstehen.

Bevor Sie sich näher mit dem Ablauf der Hospitation beschäftigen, sollten Sie sich klarmachen, was eine Beobachtung in diesem Kontext bedeutet: Beobachtungen im Unterricht liegen stets einer bestimmten Absicht zugrunde. Aus allen möglichen beobachtbaren Sachverhalten werden nur einige wichtige beachtet und konsequent weiterverfolgt (Selektion). Wesentlich bei der Hospitation ist die Unterscheidung von Beobachtung und Interpretation. Dies kann an einem Beispiel klar werden: *Der Lehrer kommt in die Klasse und lächelt.* Das ist eine Beobachtung. Warum er dies tut, ist zunächst nebensächlich. Beobachtungen sollten planvoll, selektiv und genau definiert sein. Die ermittelten Daten sollen allerdings auch für eine spätere Auswertung und Interpretation geschaffen sein. Daher sollten Sie, wenn Sie vorgefertigte Beobachtungsbögen nutzen, genügend Platz für Notizen zu jedem Beobachtungspunkt lassen. Im nächsten Schritt (am besten nach der Unterrichtsstunde) wird der beobachtete Sachverhalt genauer untersucht. Warum hat der Lehrer gelächelt? Bezogen auf das Beispiel können Sie interpretieren, dass er freundlich ist oder auch unsicher oder sich auf die Stunde freut. Bei der Interpretation gehen Sie also über das gegebene Verhalten (die Beobachtung) hinaus und versuchen Zusammenhänge oder Begründungen für das beobachtete Verhalten zu finden (Kempfert & Ludwig 2008).

Es gibt zahlreiche Klassifikationen von Beobachtungen. Im Folgenden wird jedoch der Fokus auf die kollegiale Beobachtung gelegt. Zentral bei der kollegialen Beobachtung ist die Unterscheidung zwischen teilnehmender und nicht teilnehmender Beobachtung. Ersteres setzt voraus, dass die beobachtende Lehrkraft mit am Unterricht beteiligt ist, was jedoch meist nicht der Fall sein wird. Ein nicht teilnehmender Beobachter hält sich aus dem Unterrichtsgeschehen heraus und kann sich somit voll und ganz der Protokollierung widmen. (Kempfert & Ludwig 2008). Weiterhin ist eine Hospitation eine offene und natürliche Beobachtung. Offen bedeutet dabei, dass die Lehrkraft weiß, in welcher Schulstunde die Hospitation stattfindet. Natürlich heißt das, dass der Unterricht so abgehalten wird wie immer.

Bei einer Hospitation gibt es viele Punkte, die Sie beachten sollten, damit Sie am meisten davon profitieren können: Es ist wichtig, dass Sie sich mit Ihrem Kollegen im Rahmen eines Vorgespräches auf eine klare Vorgehensweise einigen. Die hospitierende Lehrkraft muss Ihre Zielsetzung bei der Evaluation kennen und wissen, auf welche Kriterien sie achten soll. Denn es kann schnell passieren, dass die Unterrichtsvorstellungen des Besuchers in den Vordergrund rücken und damit eine eingeschränkte, subjektive Haltung entsteht. Deshalb ist es besonders wichtig, dass die Lehrkraft, die Sie zu sich einladen, den Unterschied zwischen Beobachtung und Bewertung kennt.

Wie sieht nun der prototypische Ablauf einer Unterrichtshospitation aus?

Zunächst sollten die Rahmenbedingungen einer Hospitation genau vereinbart werden: Wann findet die Hospitation statt? Wer beobachtet? Welche Inhalte sind relevant? Diese Fragen sollten vorab besprochen werden. Sind Sie selbst die hospitierende Person, sollten Sie in einem persönlichen Gespräch einen Termin mit Ihrem Kollegen vereinbaren.

Darüber hinaus ist es ratsam, dass sich beide Lehrkräfte vor der Hospitation erneut zusammenfinden, um die konkreten Beobachtungsaufträge zu vereinbaren. Ohne vorher formulierte Beobachtungsaufträge ist die hospitierende Person einer Reizüberflutung ausgesetzt. Machen Sie Ihrem Kollegen anhand möglichst weniger beobachtbarer Kriterien das Evaluationsziel klar. Mögliche Kriterien (Kempfert & Ludwig 2008) wären:

- Meine Stimme: Ist sie zu laut oder zu leise, zu monoton oder angemessen?
- Wie ist die Interaktion mit einem bestimmten Schüler?
- Sind meine Fragen und Arbeitsaufträge klar verständlich?
- Wie wirke ich nonverbal?
- Ist meine Reaktion auf die Fehler meiner Schüler gerecht?

Sind alle Vorbereitungen getroffen, erfolgt die eigentliche Durchführung der Hospitation. Unterstützend muss nun die passende Protokollierungs-Methode gewählt werden. Ist anhand eines geeigneten Protokolls (z. B. eines Beobachtungsbogens) ersichtlich, was zu beobachten ist, kann der Besucher besser zwischen wichtigen und unwichtigen Geschehnissen differenzieren.

Es gibt mehrere Methoden der Protokollierung, die sich in ihrer Komplexität unterscheiden. Das einfachste Verfahren besteht in der Aufzeichnung des Unterrichts. Diese kann per Video oder Tonband umgesetzt werden. Vor einer Aufzeichnung ist es wichtig, dass sie sich das Einverständnis aller Schüler (und ggf. Eltern) einholen. Bei der anschließenden Betrachtung Ihrer Videoaufzeichnung sollten Sie darauf achten, keine abwertende, selbstdestruktive Haltung gegenüber dem eigenen Unterricht zu entwickeln (Kempfert & Ludwig 2008). Natürlich ist es zunächst ungewohnt, sich „von außen" zu betrachten. Sie können so jedoch wertvolle Hinweise über Ihren Unterricht erhalten.

Bei einer Tonbandaufnahme können besonders gut Kommunikationsaspekte des Unterrichts analysiert werden. Sie können beispielsweise folgende Fragen beantworten: *Werde ich meiner Rolle als Gesprächsleitung in einer Diskussion gerecht? Greife ich die Schülerbeiträge auf? Wie hoch ist mein Redeanteil, der Anteil meiner Schüler?* usw.

Die Protokollierung kann auch in einer wörtlichen Abschrift des tatsächlich stattfindenden Gesprächs im Unterricht bestehen. Nachteilig bei dieser Art der Protokollierung ist der Zeitaufwand. Die Aufnahmen müssen nämlich nachträglich mehrmals abgehört werden. Noch etwas komplexer gestaltet sich die Anfertigung einer Skizze. Dabei soll beispielsweise der Standort sowie die Verweildauer der Lehrperson an diesem Ort festgehalten werden. Zur besseren Protokollierung kann ein vorab angefertigter Sitzplan hilfreich sein. Beim Verbalprotokoll werden Beobachtungen im Unterricht direkt in ein 3-Spalten-System eingetragen. In der ersten Spalte wird der Zeitpunkt protokolliert. Die zweite Spalte beinhaltet reine Beobachtungen, d. h. nur die wahrnehmbaren Vorgänge im Unterricht. In der dritten Spalte können Interpretationen, Assoziationen oder Wertungen festgehalten werden (siehe Abbildung 11).

Unterrichts-sequenz/Zeit	Beobachtungen	Assoziationen (Wertung, Interpretationen)
8.00 Uhr: Lehrervortrag	Lehrer schaut die Schüler während des Vortrags direkt an. Lehrer unterstreicht seinen Vortrag mit Mimik und Gestik.	Lehrer stellt Kontakt zu den Lernenden her. Lehrer macht den Vortrag spannend.
8.30 Uhr: Arbeitsauftrag	Ungefähr die Hälfte der Schüler beginnt die Aufgabe nicht. Einige fragen ihren Nachbarn, zwei gehen nach vorne ans Lehrerpult.	Sie verstehen den Arbeitsauftrag nicht.

Abbildung 11: Beobachtungsbogen für eine Unterrichtssequenz, nach Kempfert & Ludwig (2008)

Mithilfe dieses Protokolls soll die Unterscheidung zwischen Beobachtungen und Interpretationen deutlich gemacht werden. Während der Hospitation ist es besser, die dritte Spalte zunächst auszulassen und diese erst nach der Beobachtung auszufüllen. So erreichen Sie eine leichtere Differenzierung zwischen Beobachtung und Wertung. Über die Interpretation Ihrer Beobachtungen sollten Sie in der Nachbesprechung gemeinsam diskutieren.

Möchten Sie Häufigkeiten protokollieren, beispielsweise: „Wie oft meldet sich ein bestimmter Schüler?“ oder „Wie oft wird ein Schüler vom Lehrer aufgerufen?“, empfiehlt sich die Methode der Strichliste. Hier ist es auch von Vorteil, sich ggf. vorher einen Sitzplan anzufertigen. In den Sitzplan können Sie nun die Anzahl der Meldungen pro Schüler eintragen (siehe Abbildung 12).

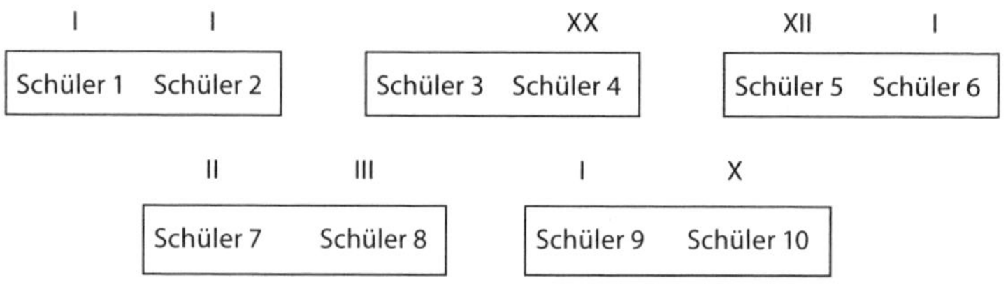

Legende:
I Aufgerufen nach Meldung
X Aufgerufen ohne Meldung

Abbildung 12: Strichliste zur Messung der Häufigkeit der Meldungen nach Kempfert & Ludwig (2008)

Eine komplexere Methode stellt das Klassifikationssystem dar. Es kann veranschaulichen, welche Art von Fragen der Lehrer im Unterricht stellt. Dazu sollen alle Fragen wörtlich festgehalten und nachträglich in Kategorien zusammengefasst werden (z. B. *Gedächtnis-* oder *Kognitionsfragen).* Sie können auch hier zwischen offenen und geschlossenen Fragen differenzieren (siehe auch Abschnitt Schülerfeedback), d. h. Sie unterscheiden, ob eine Frage gestellt wird, die offen von einem Schüler beantwortet werden kann wie z. B.: „Wie verändert sich das Leben der Deutschen nach dem Mauerfall?“ (mehrere Antworten sind möglich) oder ob eine Frage gestellt wird, die nur eine Lösung hat wie z. B. „Welchen Wert hat die Zahl x?“. Mithilfe des Klassifikationssystems können Sie ganz konkrete Unterrichtsmerkmale quantitativ erfassen.

Geht es darum, eine Verhaltensweise wie z. B. das Sprachverhalten zu beobachten, bieten sich die Schätzskalen wie die von Langer, Schulz von Thun & Tausch (1987) an. Anhand dieser Skalen lassen sich bestimmte Faktoren für die Verständlichkeit der Lehrersprache bewerten. Die Einschätzung reicht von -2 bis +2 mit einem neutralen Mittelpunkt (also beinhaltet jede Skala 5 Stufen). Da diese Art der Protokollierung aufwändiger ist, sollten Sie als Beobachter im Unterricht einzelne Sätze der Lehrperson wörtlich aufschreiben, um nachher die Verständlichkeit der Sprache als Ganzes besser beurteilen zu können (Abbildung 13).

Einfachheit/Kompliziertheit						
Einfachheit						Kompliziertheit
Komplizierte Darstellung	-2	-1	0	1	2	Einfache Darstellung
Lange, verschachtelte Sätze	-2	-1	0	1	2	Kurze, einfache Sätze
Viele Fremdwörter	-2	-1	0	1	2	Geläufige Wörter
Fachwörter nicht erklärt	-2	-1	0	1	2	Fachwörter gut erklärt
Abstrakt	-2	-1	0	1	2	Konkret und anschaulich
Schnelles Sprechen	-2	-1	0	1	2	Langsames, deutliches Sprechen
Viele Gedankensprünge	-2	-1	0	1	2	Wenig/keine Gedankensprünge

Abbildung 13: Schätzskalen von Langer, Schulz von Thun & Tausch, siehe Kempfert & Ludwig (2008)

Des Weiteren gibt es die Methode der Verlaufskurve. Während einer Unterrichtsstunde gibt es viel Raum für Veränderungen, die auf den ersten Blick vielleicht nur schwer erkennbar sind. Deshalb können Aspekte wie z. B. die Aufmerksamkeit eines bestimmten Schülers oder die Verständlichkeit der Lehrersprache über die komplette Stunde hinweg in Form eines Profils dargestellt werden. Nehmen wir das Beispiel der Verständlichkeit der Lehrersprache: Referiert der Lehrer über mehrere Themen, wird jedes einzelne auf der X-Achse abgetragen. Spricht er nur über ein Thema, kann dieses in mehrere Zeitpunkte untergliedert werden.

Als nächstes kann die Verständlichkeit der Sprache von *klar* bis *unklar* in eine Verlaufskurve eingetragen werden.

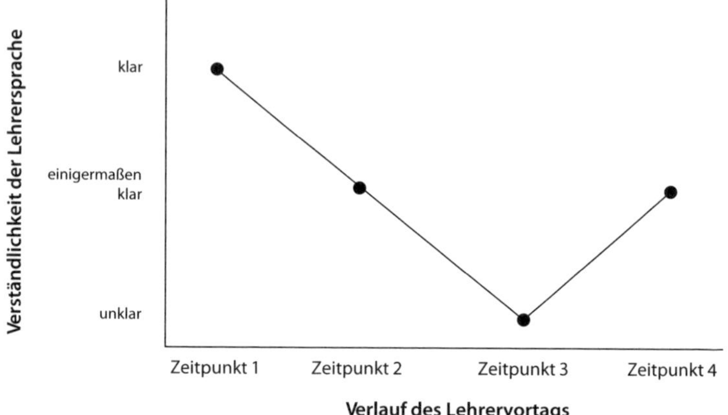

Abbildung 14: Profil eines Lehrervortrags, siehe auch Kempfert & Ludwig (2008)

Auch wenn Sie Protokolle einsetzen, können verschiedene *Wahrnehmungs- oder Urteilsfehler* passieren. Z. B. bildet sich jede Person schnell einen ersten Eindruck, welcher die nachfolgenden Ereignisse stark beeinflussen kann. Passiert zu Beginn des Unterrichts schon ein kleiner Fauxpas, besteht die Gefahr, dass der Beobachter einen schlechteren Eindruck hat, als wenn der Fehler im mittleren Teil des Unterrichts passiert wäre. Des Weiteren besteht die Gefahr, dass Mängel stets schwerer ins Gewicht fallen als Positivpunkte.

Manchmal ist es auch möglich, dass ein Merkmal, z. B. ein ungewöhnlicher Kleidungsstil des Lehrers, alle anderen wichtigen Faktoren überstrahlt. Dies ist als Halo-Effekt bekannt. Es wird nicht immer möglich sein, dass Sie alle Beobachtungsfehler vermeiden. Wenn Sie sich aber mögliche Fehlerquellen immer wieder vor Augen führen, können Sie die Wahrscheinlichkeit, dass sie auftreten, reduzieren.

Nach der Hospitation erfolgt der nächste Schritt: die Auswertung und Interpretation der Daten. Dies geschieht im Rahmen einer Nachbesprechung. Nehmen Sie sich Zeit, um das im Unterricht angefertigte Protokoll noch einmal durchzulesen und gegebenenfalls Ergänzungen bezüglich Ihrer Fragestellung vorzunehmen. Treffen Sie sich mit Ihrem Kollegen frühestens einen Tag nach der Hospitation. In der Nachbesprechung gehen Sie und Ihr Kollege das Protokoll gemeinsam durch. Danach können Sie sich in Ruhe über die Daten und deren Interpretation unterhalten.

3.6 Vor- und Nachteile der Unterrichts-Hospitation

Wie das Schülerfeedback hat auch die Hospitation Vor- und Nachteile. Ein Vorteil besteht darin, dass die Beobachtung in einer natürlichen Unterrichtssituation stattfindet. So erhält die hospitierende Person einen präzisen Eindruck vom Unterrichtsverhalten der Lehrperson. Darüber hinaus ist es durch regelmäßige Hospitationen möglich, Veränderungen im Unterrichtsverhalten sowie deren Konsequenzen optimal zu erfassen. Unterrichts-Hospitationen liefern außerdem eine gute Grundlage zur verbesserten Kooperation des Kollegiums und jeder Zeit eine gute Möglichkeit, sich auszutauschen. Somit ist die Hospitation, wenn sie regelmäßig durchgeführt wird, eine zuverlässige Methode, Feedback zu erhalten.

Nachteilig bei der Beobachtung im Unterricht ist der große Zeitaufwand. Eine Hospitation muss gut geplant sein und bestimmte Regeln müssen eingehalten werden. Passiert dies nicht, sind die gesammelten Daten womöglich wenig brauchbar. Ein weiteres Problem besteht darin, dass die Interpretation der gesammelten Daten zu subjektiv sein können, vor allem wenn der Interpretationsspielraum groß ist. Außerdem können Erwartungseffekte auftreten. Das bedeutet, dass die hospitierende Person schon eine bestimmte Meinung oder Theorie über das Unterrichtsverhalten des Lehrers hat. Diese Erwartung kann die eigentliche Beobachtung sowie deren Interpretation beeinflussen. Denn so möchte die hospitierende Person ihre Erwartungen bestätigen und sucht speziell nach Indikatoren, die ihre Annahmen stützen. Dieses Verhalten geht jedoch zu lasten der Objektivität der Hospitation.

Es besteht die Gefahr, dass sich die Person, deren Unterricht hospitiert wird, kontrolliert oder bewertet fühlt. Die Beobachtung durch andere kann zu Nervosität und Unwohlsein führen, da eine solche Situation nicht alltäglich ist. Allerdings können Hospitationen durch regelmäßige Durchführung zur Routine werden und Sie gewöhnen sich daran, was wiederum eine natürliche Beobachtungssituation herstellt. Um sich selbst immer wieder zu erinnern, welche Punkte bei der Hospitation wichtig sind, können folgende Fragen helfen:

Übung 6:

- Welche Sachverhalte möchten Sie beobachten? Was ist wichtig für die Evaluation? Auf welche Aspekte müssen Sie besonderen Wert legen? Welche sind unwichtig?
- Welche Indikatoren gibt es, die Hinweise auf die wichtigen Aspekte geben?
- Welche Methode nutzen Sie am besten? (Das kommt auf die Fragestellung an.)

4. Wie können die Daten ausgewertet und interpretiert werden?

Für die Auswertung und Interpretation der Evaluationsmethoden, die wir im vorherigen Abschnitt vorgestellt haben, gibt es auch ganz unterschiedliche Methoden. Deshalb stellen wir in diesem Abschnitt die Auswertung bezüglich der jeweiligen Methode vor. Zunächst stellen wir Ihnen die Auswertung der *Vier-Felder-Tafel* vor.

Abbildung 15 zeigt ein Beispiel für die Interpretation. Sie können die Punkte folgendermaßen interpretieren: Befinden sich die meisten Markierungen oben rechts, ist das Ergebnis sehr zufriedenstellend, befinden sie sich unten links, ist das Ergebnis sehr negativ zu bewerten. Häufen sich die Markierungen oben links, ist die Zusammenarbeit gut, aber die Schüler sind mit dem Ergebnis nicht zufrieden. Machen die meisten Schüler ihre Kreuzchen unten rechts, ist die Zufriedenheit mit dem Ergebnis gegeben, aber die Zusammenarbeit wird von ihnen kritisiert.

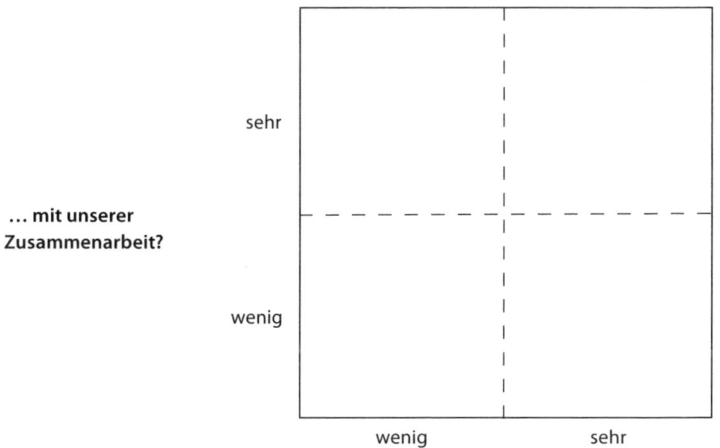

Abbildung 15: Auswertung einer Vier-Felder-Tafel

Sie können die Ergebnisse der Punkt-Abfragen auch dokumentieren, um die Ergebnisse mit Abfragen, die zu einem späteren Zeitpunkt stattfinden, vergleichen zu können. So können Sie, falls Sie Ihren Schülern die gleichen Fragen stellen, Ihre Unterrichtsentwicklung leichter nachvollziehen.

Bei der *Kraftfeld-Analyse* können Sie die Skala nutzen um einen Index zu berechnen. Der Index zeigt, ob ein Schüler den förderlichen bzw. den hemmenden Argumenten mehr Gewicht zukommen lässt. Er lässt sich berechnen, indem Sie die Werte der Pfeillänge jeweils für die förderlichen und hemmenden Argumente addieren und die Summe durch die Anzahl der Pfeile teilen.

Darüber hinaus macht die Skala erkennbar, wie wichtig ein bestimmtes Argument für den Schüler ist. Abbildung 16 zeigt eine mögliche Auswertung der Kraftfeld-Analyse mithilfe des Index.

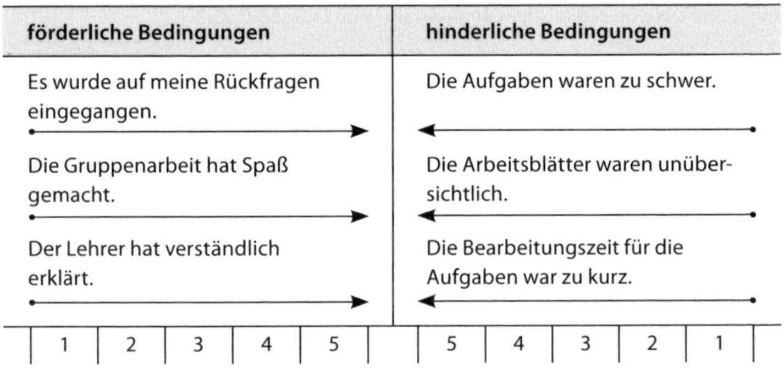

förderliche Bedingungen	hinderliche Bedingungen
Es wurde auf meine Rückfragen eingegangen. →	← Die Aufgaben waren zu schwer.
Die Gruppenarbeit hat Spaß gemacht. →	← Die Arbeitsblätter waren unübersichtlich.
Der Lehrer hat verständlich erklärt. →	← Die Bearbeitungszeit für die Aufgaben war zu kurz.
1 2 3 4 5	5 4 3 2 1
Index: 5+4+5 = 14 → 14/3 ≈4,7	Index: 5+2+4 = 11 → 11/3 ≈3,7

Abbildung 16: Kraftfeld-Analyse mit Index

Haben Sie eine *Wetterkarte* eingesetzt, schreiben die Schüler die Begründungen zur Wahl ihres Symbols und Anregungen zur Verbesserung des Klassenklimas auf Kärtchen und diskutieren sie anschließend in der Klasse.

Prinzipiell sollten Sie bei Feedbackmethoden, bei denen die gesamte Klasse mit eingebunden ist, ein globales Fazit erarbeiten. Dieses Fazit soll auf beiden Seiten Klarheit schaffen, was in Zukunft an Veränderungen im Unterricht zu erwarten ist. Weiterhin ist es sinnvoll, regelmäßig Feedbackrunden zu veranstalten, damit Sie auch Rückmeldung über ihr verändertes Unterrichtsverhalten bekommen. Außerdem erlangen diese Runden dann auch bei den Schülern eine gewisse Gewohnheit. Mit der Zeit werden die Hemmungen reduziert und das Verständnis der Evaluation erhöht.

5. Wie können die Ergebnisse für die Entwicklung des eigenen Unterrichts genutzt werden?

Bevor Sie Ihre gesammelten Daten auswerten, sollten Sie sich klarmachen, dass es durchaus möglich ist, dass bei den Rückmeldungen zu einigen Punkten Stellung genommen wird, deren Veränderung nicht in Ihrer Macht steht. Das muss auch der Schüler wissen und akzeptieren. Unterricht kann nicht immer Spaß machen, es wird wahrscheinlich immer einige unerfreuliche Aspekte für den Schüler geben, an denen Sie aber nicht zwangsläufig etwas verbessern müssen oder können, da Sie ja an bestimmte Inhalte und Themen gebunden sind.

Natürlich müssen Sie nicht jede Rückmeldung annehmen. Machen Sie sich immer wieder bewusst, welche Aspekte Ihnen bei der Evaluation am wichtigsten sind. Nehmen Sie zwar jedes Feedback ernst, aber nicht jedes Feedback muss in die Umsetzung mit einfließen. Sie sollten sich natürlich nicht dazu verleiten lassen, nur jene Rückmeldungen zu berücksichtigen, die Ihnen am besten gefallen, sondern Sie sollten überlegen, ob Ihnen eine bestimmte Schüleraussage weiterhilft.

Weiterhin ist von Bedeutung, dass Sie möglichst kleine Schritte bei der Änderung Ihres Unterrichts vornehmen. Eine radikale Umgestaltung wirft meistens neue Mängel auf, da nicht alle Faktoren gleichzeitig berücksichtigt werden können. Nehmen Sie sich immer Teilziele vor, die realistisch erreichbar sind. Führen Sie immer wieder neue Feedbackrunden durch, um Informationen zu erhalten, wie ihr neuer Stil bei den Schülern, den Eltern, den Kollegen oder der Schulleitung ankommt.

Übung 7:

Sie können sich folgende Fragen stellen:
- Welche Erkenntnisse haben Sie durch die Evaluation erhalten?
- Was war negativ/positiv?
- Was können Sie bei der nächsten Evaluation besser machen?
- Haben Sie alle relevanten Ergebnisse, die Sie benötigen?
- Wenn nicht, wie erhalten Sie die fehlenden Ergebnisse?
- Wie empfanden Ihre Schüler die Evaluation?

III. Interne ergebnisbezogene Evaluation des Unterrichts[1]

1. Was ist interne ergebnisbezogene Evaluation?

Wie wir bereits im Einleitungskapitel erläuterten, haben Sie bei einer internen Evaluation von Unterricht zwei Möglichkeiten: Entweder Sie lenken den Blick auf die Prozesse, also z. B. auf die Lehr- und Lernmethoden, die Unterrichtsmaßnahmen oder das Lernklima, oder Sie betrachten die Ergebnisse dieser Prozesse, beispielsweise die Resultate von Klassenarbeiten oder den Lern- und Wissensstand Ihrer Schüler zu einem bestimmten Zeitpunkt. Diese Ergebnisse, die auch als Lernprodukte oder -ergebnisse bezeichnet werden, stehen bei der ergebnisbezogenen Evaluation im Blickpunkt des Interesses. Die Beurteilung der Lernprodukte kann Aufschluss geben über die Wirksamkeit des Unterrichts, der zu diesen Ergebnissen geführt hat.

> Die *Ergebnisevaluation*, oder auch *summative Evaluation* genannt, bezeichnet eine „zusammenfassende Aussage über die Wirksamkeit einer Maßnahme. Das Ziel der summativen Evaluation liegt darin, die Eignung einer Maßnahme im Nachhinein zu bewerten …" (Gollwitzer & Jäger 2007, S. 16).

Weiterhin wird diese Evaluation nicht von außen initiiert und gesteuert, sondern sie wird von Ihnen als Lehrkraft oder innerhalb Ihrer Schule angeregt. Deshalb wird die Evaluation als intern bezeichnet.

1 Dieses Kapitel entstand unter Mitarbeit von Christine Schuck.

Bei einer internen Evaluation handelt es sich um eine Evaluation, die von Ihnen selbst oder von Ihrer Schule initiiert und durchgeführt wurde. Die Evaluation wird also von der gleichen Organisation vorgenommen, die auch selbst Evaluationsgegenstand ist. (Stockmann 2006)

Kombinieren Sie nun die beiden oben stehenden Definitionen, so wird unter einer internen ergebnisbezogenen Evaluation eine Evaluation verstanden, die von Ihnen selbst oder von Ihrer Schule angeregt, durchgeführt und anhand konkreter Lernergebnisse, die Effektivität Ihres Unterrichts bewertet. Die Evaluationsgegenstände sind die Lernergebnisse oder Lernprodukte der Schüler und das Ziel besteht darin, eine Aussage über diese Lernprodukte zu treffen, um die Wirksamkeit des Unterrichts abschließend zu bewerten. So kann anhand dieser Ergebnisse gegebenenfalls die Qualität des zukünftigen Unterrichts verbessert werden. Bei den Lernprodukten, die hierbei bewertet werden, kann es sich beispielsweise um eine Klassenarbeit handeln, deren Ergebnis die erzielte Note ist, oder um den Wissensstand der Schüler zu einem konkreten Thema am Ende einer Unterrichtseinheit. Bezogen auf das im Einleitungskapitel vorgestellte Schema kann die interne ergebnisbezogene Evaluation rechts unten eingeordnet werden (siehe Abbildung 17). Sie hat mit der im vorhergehenden Kapitel vorgestellten Variante gemeinsam, dass es sich um eine interne Evaluation handelt, jedoch werden in diesem Fall die Ergebnisse fokussiert.

Sie stellen sich vielleicht die Frage, warum Sie sich die Mühe machen sollten, die Ergebnisse Ihrer schulischen Arbeit zusätzlich zu bewerten. Denn wenn Sie sich dafür entschieden haben, eine Evaluation durchzuführen, ist es klar, dass dies eine weitere Arbeitsbelastung von mehr oder weniger großem Umfang für Sie bedeutet. In jedem Fall erfordert ein Evaluationsvorhaben mit Vorbereitung, Durchführung und Auswertung sowie anschließender Umsetzung von Konsequenzen, dass Sie zusätzlich zum üblichen Unterrichtsgeschehen Zeit und Ressour-

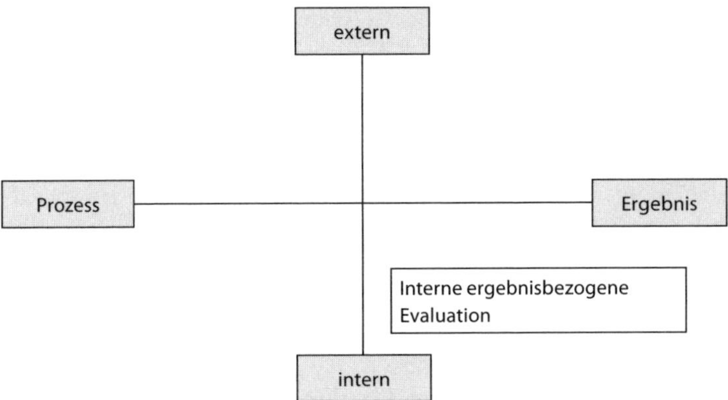

Abbildung 17: Unterschiedliche Formen der Evaluation: Interne ergebnisbezogene Evaluation

cen investieren. Wenn Sie sich also diese Arbeit machen, sollte sich eine Evaluation natürlich auch lohnen. Und das tut sie aus mehreren Gründen.

Haben Sie mit den Schülern eine Klassenarbeit geschrieben, so ist dies ein guter Zeitpunkt um zu prüfen, ob Ihre Art des Unterrichts zu den Ergebnissen führt, die Sie sich wünschen. Eine Evaluation der Ergebnisse kann Ihnen also Erkenntnis darüber bringen, ob Ihre Lehrziele und die Lernziele für Ihre Schüler, die Sie zu Beginn des Schuljahres oder des Themengebiets formuliert haben, mit den Lernergebnissen der Schüler in Einklang zu bringen sind. Wenn Sie in einer Klassenarbeit beispielsweise hauptsächlich Wissen abgefragt und wenige Transferaufgaben gestellt haben, so können Sie sich fragen, ob Sie mit der Art der Aufgabenstellung Ihre Lehrziele überprüfen können.

Weiterhin erhalten Sie durch die Evaluation konkrete Daten, mit denen es sich oftmals besser argumentieren lässt als mit Meinungen oder Vermutungen. Eine Evaluation sollte nämlich immer zum Dialog führen, sei es mit den Schülern, mit den Eltern oder mit Kollegen und Vorgesetzten, um die erhaltenen Daten aus unterschiedlichen Perspektiven zu interpretieren. Diese Daten können auch Ihre Position stärken, wenn Sie beispielsweise den Eltern gegenüber Rechenschaft über angewendete Lehr- und Lern-Methoden ablegen sollen (Mittelstädt 2008).

Schließlich bietet eine Evaluation der Ergebnisse auch die Chance, die Unterrichtsgestaltung zu optimieren: Schwachstellen werden erkennbar und Verbesserungsmöglichkeiten lassen sich identifizieren und umsetzten. Hierin liegt die Hauptaufgabe einer Evaluation: Sie erkennen anhand der Ergebnisse, an welchen Stellen Sie Ihren Unterricht verbessern können und wo Sie Veränderungen ansetzen sollten.

2. Merkmale und Formen der internen ergebnisbezogenen Evaluation von Unterricht

Im Rahmen der internen ergebnisbezogenen Evaluation von Unterricht gibt es im Unterricht mehrere Bereiche, die Sie genauer unter die Lupe nehmen können: *Klassenintern* können Klassenarbeiten, Zensuren und Wissensstände die Lernprodukte sein, anhand derer Sie die Wirksamkeit des Unterrichts beurteilen können. *Klassenübergreifend* bietet sich der Vergleich von Schülerleistungen in Parallelklassen an, um so indirekt eine Einschätzung der Leistungsfähigkeit in den verschiedenen Klassen zu erreichen. Bezogen auf die gesamte Schule können schulinterne Wettbewerbe zu verschiedenen Themen einen Vergleich der Leistungsergebnisse der Schüler liefern.

Generell wird unterschieden, ob vorhandene Daten wie beispielsweise bereits vorliegende Klausurergebnisse analysiert oder neue Daten erhoben werden. Für die Evaluation bestimmter Bereiche kann davon abgesehen werden, neues Datenmaterial zu erheben. Hier ist es ausreichend, die an der Schule existierenden Daten zu nutzen. Beispielsweise bietet sich eine Analyse von Schulstruktur- und Schülerleistungsdaten oder der Vergleich von parallel geschriebenen Arbeiten für eine interne ergebnisbezogene Evaluation an. Eine solche Analyse hat den Vorteil, dass die Daten mit relativ geringem Aufwand verfügbar und auswertbar sind. So kann beispielsweise ein Vergleich der Zahlen von Schulabsolventen oder der Durchschnittsnoten erste Hinweise auf mögliche Schwachstellen liefern und somit den Blick auf Bereiche lenken, die weiter evaluiert werden sollten. Der Nachteil liegt bei dieser Form der Analyse jedoch darin, dass die Gründe für auffällige Zahlenverhältnisse nicht ersichtlich werden (Mittelstädt 2008).

Jedoch ist es möglich, dass nicht in jedem Fall bereits vorhandene Tests ausreichen, um Ihre Fragestellung zu beantworten. Falls Sie die Kompetenzen Ihrer Schüler in einem bestimmten Fach oder Fachgebiet ermitteln möchten, ist es unabdingbar, dass auch der verwendete Test (oder die Klassenarbeit) entsprechende Aufgaben enthält. Weitere Informationen zum Thema Kompetenzmessung finden Sie im Kapitel „Externe ergebnisbezogene Evaluation", denn zahlreiche Schulleitungstests zielen auf die Erfassung von Kompetenzen.

Der Ablauf einer internen ergebnisbezogenen Evaluation orientiert sich ebenfalls am allgemeinen Modell des Evaluationskreislaufes. Wie bei den anderen Formen der Evaluation auch, steht am Anfang die Festlegung des Gegenstands, der geprüft und bewertet werden soll. Im Gegensatz zur prozessbezogenen Evaluation stehen hier nicht die Unterrichtsprozesse im Fokus, sondern die konkreten (Leistungs-)Ergebnisse der Schüler, die sie mithilfe Ihres Unterrichts erreichen konnten.

Übung 8:

An dieser Stelle können Sie sich folgende Fragen stellen:

- Ist aktuell eine Fragestellung aus dem Bereich der internen ergebnisbezogenen Evaluation für Sie relevant?

Falls ja:

- Welche spezifische Frage haben Sie?
- Welche Indikatoren gibt es, die Hinweise auf Ihre Frage geben?
- Für welches Ihrer Fächer, für welche Klasse oder Klassenstufen möchten Sie Rückmeldung erhalten?
- Welche Ableitungen können Sie für Ihren Unterricht machen?

3. Beispiele und Instrumente der internen ergebnisbezogenen Evaluation von Unterricht

Eine interne ergebnisbezogene Evaluation muss nicht unbedingt mit einem großen Aufwand verbunden sein. Eine recht einfache Variante besteht darin, die vorhandenen Ergebnisse des Unterrichts, das heißt Ergebnisse von mündlichen und schriftlichen Leistungsüberprüfungen und Klassenarbeiten zu Evaluationszwecken zu nutzen und auszuwerten. Hierzu können Sie beispielsweise für jeden Schüler ein Portfolio anlegen. Dabei handelt es sich um die Sammlung der verschiedenen Arbeitsleistungen eines Schülers, seien es Daten, Tests, Klassenarbeiten oder andere Dokumente, die in ihrer Gesamtheit einen Überblick über die Leistung eines Schülers und seine Entwicklung erlauben. Ein Schülerportfolio ist noch aussagekräftiger, wenn Sie es in Verbindung mit einem Kompetenz- oder Anforderungsprofil verwenden und dabei die Fragestellung verfolgen, welche Kompetenzen der Schüler bereits besitzt und an welchen Stellen noch Entwicklungsbedarf besteht. Weiterführende Informationen zu diesem Thema finden Sie unter anderem bei Brunner, Häcker und Winter (2006).

Sie können auch nach einer Unterrichtsstunde oder -einheit einen kurzen Test des Wissenstandes durchführen und diesen auswerten, um zu sehen, ob die von den Schülern erreichten Kenntnisse Ihrem Lehrziel entsprechen. Hierbei bietet sich beispielsweise der Einsatz eines Protokollbogens wie in Abbildung 18 an. Diesen Bogen können Sie folgendermaßen anwenden: Sie wählen Fragestellungen aus der Unterrichtseinheit aus. Jeder Schüler überprüft zunächst selbst, ob er die Fragestellungen beantworten kann und schätzt seine eigenen Kenntnisse ein. Dazu kreuzt er das Symbol (☺, 😐, ☹) auf dem Bogen an, das seiner Meinung nach am ehesten auf seinen Wissensstand zutrifft. Nun überprüft ein Mitschüler, inwieweit die Frage durch den Schüler richtig beantwortet wurde. Dies ist allerdings nur dann sinnvoll, wenn der Mitschüler selbst das Thema verstanden hat. Als Unterstützung können für die gegenseitige

Überprüfung auch die Unterrichtsmaterialien zurate gezogen werden. Anschließend gibt der Mitschüler ebenfalls seine Einschätzung zum Kenntnisstand des Schülers auf dem Bogen ab. Zum Schluss überprüfen Sie die Ergebnisse und vermerken Ihre Bewertung auf dem Protokollbogen. Bei Fragestellungen, bei denen gehäuft die mittlere und die rechte Spalte (😐, ☹) angekreuzt wurden, sollte der entsprechende Stoff noch einmal gemeinsam wiederholt werden. Anhand dieses Protokolls können die Schüler am Ende einer Unterrichtseinheit selbständig ihren Wissensstand überprüfen. Eine solche Form der Überprüfung liefert Ihnen gleichzeitig einen Überblick über den konkreten Leistungsstand Ihrer Schüler. Je nach Art und Anzahl der Fragestellungen, die bearbeitet werden, ist diese Form der Evaluation mehr oder weniger aufwändig. Zusätzlich trägt dieses Vorgehen zur Ergebnissicherung nach einer kleineren oder größeren Lerneinheit bei.

Fragestellung	Bewerter	Datum	☺	😐	☹
	1. Selbst				
	2. Mitschüler				
	3. Lehrer				
	1. Selbst				
	2. Mitschüler				
	3. Lehrer				

Abbildung 18: Protokollbogen zur Erfassung des Wissensstandes nach einer Unterrichtseinheit (siehe auch Landesbildungsserver Baden-Württemberg)

Neben der Leistungsüberprüfung innerhalb einer Klasse, bieten sich zeitgleich mit anderen Klassen derselben Stufe geschriebene Tests oder Klassenarbeiten zur internen ergebnisbezogenen Evaluation an.

3.1 Parallele Klassenarbeiten

Gemeinsame Klassenarbeiten in den Parallelklassen können ein wirkungsvolles Instrument der internen ergebnisbezogenen Evaluation darstellen. Durch den Vergleich können Schwächen und Stärken der Schüler in den einzelnen Klassen aufgedeckt werden (Helmke 2008) und Hinweise für die Weiterentwicklung Ihres Unterrichts erlangt werden. Mit diesem Vorgehen können Sie überprüfen, inwieweit die Schüler einer Jahrgangsstufe die in Lehrplänen und Curricula festgelegten fachspezifischen Inhalte und Lehrziele beherrschen. Die Ergebnisse können Sie nutzen, um die Unterrichtsqualität anzugleichen oder auch zu verbessern, indem Sie sich die Frage stellen, wie der Fachunterricht modifiziert werden kann, um die Lernergebnisse der Schüler zu steigern.

Bei der Durchführung von parallelen Klassenarbeiten sollten Sie darauf achten, dass Sie sich mit den jeweiligen Lehrkräften frühzeitig über die Anforderungen und Aufgabenstellungen und entsprechende Bewertungskriterien verständigen. Liegen die Evaluationsergebnisse vor, ist es wichtig, dass sie in der Schule, beispielsweise in Fachkonferenzen, Teamgruppenbesprechungen oder anderen Konferenzen zum Thema gemacht und zur Weiterentwicklung der schulischen Arbeit genutzt werden (Burkard & Eikenbusch 2006).

Der nachfolgende Ablaufplan (siehe Abbildung 19) hat sich bewährt.

Wenn Sie eine Parallelarbeit durchführen möchten, sollten Sie sich mit dem Kollegen der Parallelklasse darüber abstimmen, wer welche Aufgaben übernimmt. Wenn Sie den abgebildeten Ablaufplan betrachten, müssen Sie nicht streng chronologisch vorgehen, sondern können gerade in der Vorbereitungsphase auch zeitgleich Aufgaben erledigen oder Entscheidungen treffen. So kann die Arbeitsbelastung für die einzelne Lehrkraft reduziert werden.

Reflexion der Lernvoraussetzungen
- Welche Inhalte wurden behandelt?
- Gibt es gemeinsame Unterrichtseinheiten?
- Wie sieht der schulinterne Lehrplan aus?

Grundentscheidung

Durchführung außerhalb der Leistungsbewertung	**Durchführung im Rahmen der Leistungsbewertung**

Konzeption der Parallelarbeit
- Welche konkreten Anforderungen werden gestellt?
- Welche Aufgaben enthält die Arbeit?
- Welche Leistungserwartungen haben die einzelnen Lehrkräfte?

Organisation und Durchführung der Parallelarbeit

(Evtl. wechselseitige) Korrektur und Bewertung der Parallelarbeit

Diskussion der Ergebnisse in der Fachkonferenz
- Welche fachlichen Standards gibt es?
- Was sagen die Ergebnisse über die Lehr- und Lernprozesse?
- Wie können die Lehr- und Lernprozesse wirkungsvoll gestaltet werden?
- Wie kann die Grundlage für eine übereinstimmende Praxis in der Leistungsbewertung aussehen?

Vereinbarung und Planung von Maßnahmen zur Weiterentwicklung der Unterrichtsqualität wie z.B. gemeinsame Fortbildungen, Planung von Unterrichtsprojekten und -vorhaben, Überarbeitung der schulinternen Lehrpläne.

Abbildung 19: Ablaufplan zur Konzeption, Durchführung und Auswertung von Parallelarbeiten (vgl. Burkard & Eikenbusch 2006)

3.2 Befragung: Schüler/Eltern/Kollegen nach Unterrichtsergebnissen

Eine Befragung ist eine klassische Methode der empirischen Datenerhebung. Erfasst werden Aussagen und Einschätzungen von Personen zu Sachverhalten. In unserem Rahmen können mithilfe einer Befragung beispielsweise die Einstellungen von Schülern zum Unterrichtsverlauf und -ergebnissen erfasst werden, um daraus Rückschlüsse auf die Wirksamkeit des Unterrichts zu ziehen.

Mögliche Themen der Befragung von Schülern können bei der ergebnisbezogenen Evaluation sein:
- Selbsteinschätzung zur eigenen Mitarbeit oder Lernzuwachs
- Einschätzung von Leistungsbeurteilungen oder Klassenarbeiten (z. B. Häufigkeit, Umfang, Angemessenheit des Stoffes, Zufriedenheit mit der Bewertung)

Wenn Sie Schüler zu den Ergebnissen von Klassenarbeiten befragen, können diese einen Beitrag zur Ursachen-Nutzen-Forschung und somit zur Effizienzsteigerung des Unterrichts liefern. Das bedeutet, dass Schüler oftmals besser als vom Lehrer vermutet einschätzen können, welche Unterrichtsmethoden oder Lernstrategien viel oder wenig nützen und wie sie ihr Lernen und somit ihre Lernergebnisse optimieren können. So setzt eine Befragung der Schüler im Zentrum von Unterrichtsentwicklung an und kann Ihnen sozusagen aus erster Hand Aufschluss über die Wirksamkeit Ihres Unterrichts geben.

Die Befragung von Eltern zu Ergebnissen des Unterrichts kann beispielsweise die folgenden Themen zum Inhalt haben:
- Lerngewinn durch Hausaufgaben
- Leistungsbeurteilung (Klarheit, Transparenz)
- Lernleistungen (Vermittlung von Wissen), überfachliche Leistungen (Vermittlung von allgemeinen Kompetenzen wie z. B. Problemlösefähigkeit, selbstständiges Arbeiten, Teamfähigkeit)

Ergebnisse des Unterrichts (Prüfen und Benoten)	**Trifft zu**	**Trifft eher zu**	**Trifft eher nicht zu**	**Trifft nicht zu**
Mit den Ergebnissen des Unterrichts bin ich zufrieden.	❑	❑	❑	❑
Aus den Hausaufgaben lerne ich etwas.	❑	❑	❑	❑
Der Schwierigkeitsgrad der Hausaufgaben ist angemessen.	❑	❑	❑	❑
Der Umfang der Hausaufgaben ist angemessen.	❑	❑	❑	❑
Der Lehrer kontrolliert meinen Lernfortschritt regelmäßig.	❑	❑	❑	❑
Der Prüfungsstoff entspricht dem Unterrichtsstoff.	❑	❑	❑	❑
Der Schwierigkeitsgrad der Prüfungen ist angemessen.	❑	❑	❑	❑
Die Prüfungen werden gerecht beurteilt.	❑	❑	❑	❑

Abbildung 20: Fragebogen für Schüler (Landesinstitut für Pädagogik und Medien, Saarbrücken)

Was sollten Sie bei der Planung von Befragungen beachten?
Was den Fragebogen selbst angeht, so sollten Sie sich vorher überlegen, ob Sie ein bereits bestehendes Evaluationsinstrument übernehmen, ob Sie einen vorhandenen Fragebogen modifizieren oder ob Sie das Instrument selbst entwickeln möchten. Für welchen Weg Sie sich auch entscheiden, Sie sollten immer darauf achten, dass mit dem Instrument die Fragestellungen beantwortet werden, die Ihnen wichtig sind. Daher sollten Sie vor der Durchführung jede Aussage oder Frage des Fragebogens noch einmal hinsichtlich der eigenen Interessen überprüfen, um auch wirklich das zu erfassen, was Sie erfassen möchten. Vorlagen für Fragebögen zur Evaluation von Unterrichtsmaß-

nahmen sind beispielsweise auf den Internetseiten der Landesbildungsserver erhältlich, die den eigenen Fragestellungen gemäß angepasst und abgewandelt werden können. Ansonsten gelten für die Befragung der Ergebnisse dieselben Hinweise wie für die interne prozessbezogene Evaluation. Dort sind wir bereits detailliert auf den Fragebogen eingegangen.

Als Alternative zum Einsatz eines ausführlichen Fragebogens bietet sich als Evaluationsmöglichkeit auch eine Kurzbefragung im Anschluss an Unterrichtsstunden (beispielsweise Schülerfeedback zu einer konkreten Unterrichtsstunde) an. Als Beispiel für ein Befragungsinstrument zeigt Abbildung 20 einen Fragebogen für Schüler.

Eine weitere Möglichkeit für die ergebnisbezogene interne Evaluation stellen schulinterne Wettbewerbe dar.

3.3 Schulinterne Wettbewerbe

Schulinterne Wettbewerbe werden von Schulen selbst initiiert und stellen einen bestimmten inhaltlichen Bereich (ein Fach oder ein bestimmtes Thema) oder eine spezielle Fähigkeit in den Mittelpunkt. Ein Beispiel hierfür sind die Lesewettbewerbe.

Solche Wettbewerbe können Schüler und auch Lehrer dazu motivieren, in dem speziellen Bereich und zu dem speziellen Thema besonderes Engagement und herausragende Leistungen zu erbringen, meist unabhängig vom Gewinn eines Preises. Gewinn kann hierbei auch in Form von Wissen- oder Fähigkeitszuwachs bestehen, in der Freude am Lernen und gesteigertem Selbstbewusstsein oder Teamgefühl. Anhand der Ergebnisse, die in solchen schulinternen Wettbewerben erzielt werden, können Sie einschätzen, auf welchem Niveau sich die Schüler in dem spezifischen Themengebiet bewegen und so die Lernergebnisse und Leistungsfähigkeit Ihrer Schüler in Relation zu Gleichaltrigen erkennen.

Schülerwettbewerbe orientieren sich unterschiedlich stark an Ergebnissen (Output) oder Prozessen von Schülerleistungen bzw. Lernvorhaben. Besonders bei Projekten werden die Prozesse bei der Bewertung von Schülervorhaben und -leistungen berücksichtigt, d.h. die Art und Weise, wie Ergebnisse erarbeitet wurden, spielt eine wichtige Rolle. Für die interne ergebnisbezogene Evaluation rücken die Ergebnisse des Wettbewerbs selbst in den Mittelpunkt. Generell lässt sich anhand der Ergebnisse von schulinternen Wettbewerben bewerten, wie gut die Lernleistungen der Schüler sind, aber auch über welche überfachlichen Kompetenzen sie verfügen. In der spezifischen Zielsetzung unterscheiden sich Schülerwettbewerbe nämlich. Es gibt Wettbewerbe, bei denen es um die bestmögliche fehlerfreie Leistung geht (z.B. Mathematikwettbewerbe), aber auch die Förderung von Motivation, kreativem schulischem Arbeiten oder entdeckendes und forschendes Lernen können Ziele von Wettbewerben sein. Für Sie als Lehrer kann ein solcher Wettbewerb auch Denkanstöße für didaktische Neuerungen in einem Fach liefern und so zur Optimierung Ihres Unterrichts beitragen. Natürlich erfordert die Umsetzung eines schulinternen Wettbewerbs (sofern es keine bereits bestehende Form ist wie z.B. die Mathematikolympiade) einen recht großen Aufwand und eine intensive Vorbereitung durch Sie und Ihre Fachkollegen, er weckt aber auch das Interesse der Schüler an dem Fach und spornt zu außergewöhnlichen Leistungen an. Dabei sollte immer die Klassenstufe im Auge behalten werden, um die Schüler weder zu über- noch zu unterfordern. Die Arbeitsbelastung für die einzelne Lehrkraft, die an der Organisation beteiligt ist, ist gering zu halten. Hilfreich kann es sein, den Wettbewerb auf Nachbarschulen auszuweiten.

4. Wie können die Ergebnisse ausgewertet und interpretiert werden?

Generell gilt, dass die Ergebnisse einer Evaluation möglichst schnell nach der Durchführung zur Verfügung stehen sollten. Hinweise zur statistischen Vorgehensweise und Auswertung der erhobenen Daten finden Sie im Kapitel „Schulrelevante statistische Kennwerte und methodische Prüfverfahren" dieses Buches.

Schritte	Inhalt	Fragen
1.	Festlegung … – des Fokus für die Auswertung – des Ziels – der Analysebereiche – der Bewertungskriterien	 – Was interessiert mich besonders? – Warum will ich mir das genauer ansehen? – Wie will ich bestimmte Ergebnisse/Inhalte untersuchen? – Was will ich als „gelungen" ansehen?
2.	Aufbereitung der Schülerarbeiten (i. d. R.) offene Aufgaben für die Analyse	
3.	Untersuchung der Schülerarbeiten durch zwei bis drei Personen und Dokumentation der Erkenntnisse	
4.	Je zwei Teams fassen Gemeinsamkeiten und Unterschiede der Erkenntnisse zusammen.	– Was ist das wichtigste, das wir gelernt haben? – Was soll der nächste Lernschritt für den Schüler sein?

Abbildung 21: Die vier Schritte der Dokumentenanalyse (Burkard & Eikenbusch 2006)

Für die Auswertung von bereits vorhandenen Lernergebnissen, also z. B. Klassenarbeiten oder auch parallelen Klassenarbeiten, bietet sich das Verfahren der Dokumentenanalyse an, das am besten von mehreren Personen durchgeführt wird und in vier Arbeitsschritten verläuft. Sie können diese Analyse natürlich auch alleine durchführen. Es wird jedoch empfohlen, dass Sie einen Kollegen mit ins Boot holen, denn gerade wenn Sie selbst auch die Aufgaben entwickelt haben, ist es hilfreich, noch einen zusätzlichen Blick von außen zu erhalten. Im Falle von parallelen Klassenarbeiten können Sie durch die gemeinsame Auswertung sicherstellen, dass sie die unterschiedlichen Klassen gleich auswerten. Ansonsten kann es vorkommen, dass durch unterschiedliche Auswertungsstile die Klassen anders bewertet werden. Für die Dokumentenanalyse bieten sich die vier folgenden Schritte an (siehe Abbildung 21).

Bei der Auswertung von Parallelarbeiten sollten Sie folgende Fragen beachten: Welcher fachliche Standard wird hier verlangt? Wie ertragreich ist der Fachunterricht an meiner Schule für die Schüler? Was kann ich tun, um die Schüler in ihrem Lernen und ihrer Leistungsentwicklung zu unterstützen? Was ist entscheidend für die Bewertung dieser Leistung? In einem nächsten Arbeitsschritt können dann die Ergebnisse in den parallelen Klassen differenziert betrachtet werden und ein Vergleich der Leistungen gezogen werden. In welcher Klasse gab es die besseren Ergebnisse? Was war in dieser Klasse anders als in den anderen Klassen? Wie ist die Verteilung der gelösten Aufgaben? Bei welchen Aufgaben gab es Schwierigkeiten? Diese und ähnliche Fragen helfen bei der Identifizierung der Bereiche, in denen gute Ergebnisse von den Schülern erbracht wurden und der Problembereiche. Horster & Rolff (2001 in Helmke 2008) empfehlen für den Umgang mit Parallelarbeiten:

- Grundlage für die Korrektur von Parallelarbeiten sollten gemeinsam beschlossene Anforderungen und Leistungserwartungen sein, die dem in der Schule üblichen Modus entsprechen. Die Ergebnisse werden in einem Notenspiegel der einzelnen Lerngruppen sowie der Jahrgangsstufe dokumentiert.
- Um die Vergleichbarkeit der Ergebnisse einschätzen zu können, sollten Sie Resultate aus wenigstens in Stichproben durchgeführten Zweit- und Kreuzkorrekturen mit einbeziehen.

- Die Ergebnisse der Parallelarbeiten sollten differenziert und fachbezogen ausgewertet werden im Hinblick auf folgende Fragestellungen:
  - Zeichnen sich Bereiche des Faches ab, in denen die Schüler im Mittel besonders gute/schlechte Leistungen erbringen?
  - Was können die Schüler der einen Lerngruppe besonders gut/weniger gut im Vergleich zu denen anderer Lerngruppen? Wo liegen die Ursachen für diese Unterschiede?
  - Wann war das, was besonders gut (bzw. nur mit erheblichen Einschränkungen) beherrscht wird, Gegenstand des Unterrichts? Wie lange liegt das zurück? Wie sind diese Fachgegenstände im Unterricht behandelt worden?

Durch die gemeinsame Organisation und Auswertung von Parallelarbeiten können sich Lehrer besser abstimmen, was Kriterien guten Unterrichts sind und so gemeinsam die Qualität der Lehre an der Schule verbessern (Helmke 2008).

Ein Portfolio, also eine Daten- bzw. Materialsammlung von Arbeitsleistungen, erlaubt eine ergebnisbezogene Auswertung sowohl durch den Schüler als auch durch den Lehrer. Der Schüler kann die vorhandenen Materialien analysieren im Hinblick auf die Fragen: Was habe ich gelernt? Wie habe ich das gelernt? Diese Selbstbeurteilung kann durch Ihre Einschätzung sowie durch inhaltliche Analysen des Materials und in einer abschließenden Auswertung ergänzt werden. In Kombination mit einem Anforderungsprofil, in dem die vom Schüler zu bestimmten Zeitpunkten zu erwerbenden Kompetenzen festgelegt sind, lässt sich der Entwicklungsstand des Schülers beobachten und dokumentieren. Die Auswertung schließt mit einer Vereinbarung ab: Was lässt sich aus der Arbeit des Portfolios für den Arbeitsprozess ableiten? Für die Schüler bieten sich zur Orientierung im Anschluss an die Analyse folgende Fragen an: Was kann ich bereits? Was muss ich noch üben? Was werde ich üben? Auch diese Lernergebnisse sollten wieder dem Portfolio zugefügt werden (Burkard & Eikenbusch 2006).

Wie Sie eine *schriftliche Befragung* auswerten möchten, sollten Sie sich schon bei der Konstruktion bzw. vor dem Einsatz eines fertigen Fragebogens überlegen. Antworten auf Fragen mit offenem Format werden gesondert von Fragen mit geschlossenem Format erfasst und gesammelt. Falls Sie ein geschlossenes Antwortformat verwendet haben, finden Sie zahlreiche Hinweise im Kapitel „Externe ergebnisbezogene Evaluation des Unterrichts (vgl. Burkard & Eikenbusch 2006).

Zur Auswertung können Sie folgende Fragen zur Orientierung heranziehen:
- Wo sind eindeutige Positionen bei den Befragten festzustellen?
- Wo gibt es Meinungsverschiedenheiten?
- Wozu wird keine Stellung genommen?
- Wo gibt es Diskrepanzen zwischen realer und gewünschter Situation?
- Wo gibt es Widersprüche im Antwortverhalten?
- Wo gibt es Zusammenhänge im Antwortverhalten?
- Lassen sich Hypothesen zur Situation formulieren?

Die Ergebnisse der Evaluation können in einem Bericht festgehalten werden, um sowohl die Ziele, die mit der Untersuchung verbunden waren als auch die wesentlichen Erkenntnisse zusammenzufassen und festzuhalten. Wie dieser Bericht aussehen soll, hängt vom Umfang des Evaluationsprojektes ab und davon, wie die Ergebnisse weiter verwertet werden. Haben Sie nur Ergebnisse Ihres eigenen Unterrichts bewertet, genügt ein schriftlicher Bericht für Sie und eventuell für den Fachbereichsleiter oder die Schulleitung. Bei größeren Unterfangen werden Sie die Ergebnisse anderen präsentieren müssen. Dann sollte der Bericht so geschrieben sein, dass eine fremde Person sich vorstellen kann, wie das Evaluationsverfahren abgelaufen ist und welche Ergebnisse zustande gekommen sind. Um Ergebnisse anschaulich darzustellen, bieten sich Diagramme besonders an. Diese Form der Aufbereitung ist auch für Laien verständlich.

5. Wie können die Ergebnisse für die Entwicklung des eigenen Unterrichts genutzt werden?

Wichtig ist, dass nach einer Evaluation klare nächste Handlungsschritte fest vereinbart und vorgenommen werden. Denn die eigentlichen Ergebnisse einer Evaluation sind nicht die ausgewerteten Daten, sondern die Konsequenzen, die im Anschluss für die weitere Arbeitsplanung gezogen werden. Auch hier trifft der Spruch zu „Vom Wiegen wird die Sau nicht fett!". Das bedeutet, dass sich die Qualität des Unterrichts nicht allein durch den Einsatz eines Fragebogens verbessert. Vielmehr ist es notwendig, dass die Beteiligten über die Evaluationsergebnisse reden und diskutieren. In diesen Gesprächen, bei denen gemeinsame Interpretationen der Daten und Ergebnisse und daraus folgende Maßnahmen gefunden werden sollen, kommt es zum Daten-Feedback.

Für die Auswertung der Ergebnisse sollte bereits bei der Planung der Evaluation ausreichend Zeit einkalkuliert werden, eventuell sogar eigene Fachkonferenzen zu diesem Zweck durchgeführt werden. Das wiederum hängt vom Umfang und von der Reichweite der jeweiligen Evaluation ab. Das Daten-Feedback macht durch den Vergleich der eigenen Perspektive mit der Perspektive anderer Personen, wie Lehrkräfte, Schüler oder Eltern, unterschiedliche Interpretationen sichtbar. So ist es möglich, dass Sie in der eigenen Sichtweise bestätigt werden oder es entstehen neue Impulse und Positionen. Haben Sie in der Diskussion Handlungsschritte und Konsequenzen für die schulische Arbeit beschlossen, so empfiehlt es sich, diese Beschlüsse schriftlich im Evaluationsbericht festzuhalten. So lassen sich nicht nur die konkreten Evaluationsergebnisse, sondern auch Maßnahmen, die aus ihnen folgen sollen, jederzeit nachlesen und zu einem späteren Zeitpunkt lässt sich überprüfen, ob die Umsetzung erfolgreich war (Burkard & Eikenbusch 2006).

Die folgenden Fragen helfen die Handlungsschritte sichtbar zu machen (Burkard & Eikenbusch 2006):

Übung 9:

- Was folgt aus der Evaluation für Sie und Ihren Unterricht? Welche Konsequenzen sehen Sie für Ihren Jahrgang/die Fachkonferenz/das Fachteam?
- Was folgt auf der Ebene der Schule?

Was die Umsetzung von Maßnahmen betrifft, ist es sicher sinnvoll, mit kleinen Schritten zu starten, da auch diese große Veränderungen nach sich ziehen können.

IV. Externe prozessbezogene Evaluation des Unterrichts[1]

Dieses Kapitel behandelt den Bereich der externen prozessbezogenen Evaluation, der sich in der im Einleitungskapitel eingeführten Abbildung links oben einordnen lässt.

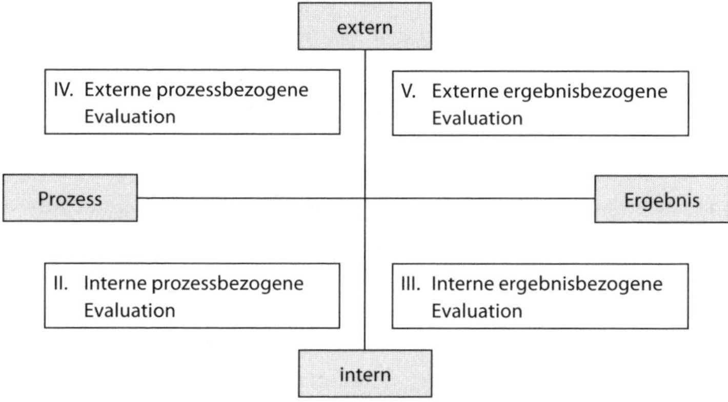

Abbildung 22: Unterschiedliche Formen der Evaluation: Externe Prozessevaluation

Bereits im Einleitungskapitel wurden die beiden Evaluationsformen „extern" und „prozessbezogen" allgemein definiert:

Die *Prozessevaluation,* auch *formative Evaluation* genannt, „… bezieht sich auf einen Prozess, in dem […] Rückkopplungen eingezogen werden. Zwischenergebnisse des Prozesses werden mit Erwartungen ver-

1 Dieses Kapitel entstand unter Mitarbeit von Klara Kümmerle.

glichen, um Entscheidungen über Prozessoptimierungen zu ermöglichen" (Kuper 2005 S. 18). Handelt es sich um eine *externe* Evaluation, so wird die Evaluation von außen initiiert.

Im Folgenden gehen wir näher auf die Bedeutung der prozessbezogenen externen Evaluation Ihres Unterrichts ein.

1. Was ist externe prozessbezogene Evaluation des Unterrichts?

Unter externer Prozessevaluation des Unterrichts versteht man die Beurteilung ausgewählter Unterrichtsaspekte des Unterrichtsprozesses, die durch externe (außenstehende) Evaluatoren initiiert wurde.

Da Prozesse betrachtet werden, steht das Unterrichtsgeschehen im Fokus. Natürlich spielen viele Faktoren des Unterrichts eine Rolle bei der Einschätzung, ob dieser in seiner Gesamtheit als qualitativ hochwertig eingestuft werden kann. Deshalb liegt es nahe, zuerst verschiedene Bereiche des Unterrichts zu differenzieren und diese dann einzeln zu betrachten. Erst danach kann eine differenzierte Bewertung über das gesamte Unterrichtsgeschehen abgegeben werden.

Das Problem bei der Bestimmung verschiedener Unterrichtskomponenten besteht darin, dass es keine allgemeingültige Einteilung gibt. Auch in diesem Kapitel werden Beispiele externer prozessbezogener Evaluationen dargestellt. So können Sie sehen, dass in der Praxis unterschiedliche Unterrichtsqualitätsmodelle genutzt werden.

Im deutschsprachigen Raum orientieren sich viele Theoretiker und Praktiker an den Ausführungen von Helmke, die deshalb an entsprechender Stelle ausführlicher vorgestellt werden.

Dass die Evaluation durch externe (außenstehende) Evaluatoren initiiert wurde, bringt für Sie mehrere Konsequenzen mit sich: Weil die Konstruktion der Evaluation in den Händen der externen Evaluatoren und damit nicht bei dem zu Beurteilenden (z. B. der Schule oder der Lehrkraft) selbst liegt, sind Methoden, Instrumente und Verfahrensweisen vorgegeben. Dies betrifft natürlich in gewissem Sinne auch die Zielsetzung der Evaluation. Allerdings werden Sie sehen, dass Sie die Ergebnisse der externen Evaluation zumeist auch für Ihre individuellen Fragestellungen nutzen können.

Im Umkehrschluss fragen externe Evaluationen oftmals auch nach Komponenten, die Sie gar nicht in den Blickpunkt einer eigens konstruierten Evaluation gestellt hätten. Selbst wenn Sie bei der Durchführung der Evaluation beteiligt sind, besteht also ein Blick „von außen“. Dieser Außenblick bietet die Chance, bestimmte Gegebenheiten, die innerhalb des Systems eventuell gar nicht mehr wahrgenommen oder als wichtig erachtet werden, zu erkennen, einzuschätzen und zurückzumelden.

Ein Beispiel hierfür könnte sein, dass Sie als Lehrkraft zwar wahrnehmen, dass das Unterrichtsgeschehen in einer bestimmten Klasse seit einiger Zeit nicht mehr nach Ihren Vorstellungen verläuft, dass Sie allerdings die Gründe hierfür nicht ausmachen können. Eine externe Evaluation ermöglicht es in solchen Fällen, Ihren Unterricht von außen zu beleuchten und den für Sie unbefriedigenden Unterrichtsverlauf z. B. auf eine für Sie nicht mehr wahrnehmbare ungünstige Kommunikation zwischen Ihnen und den Schülern zurückzuführen. Da es sich um eine Prozessevaluation handelt, wird nicht erst am Ende (z. B. des Schuljahres) reflektiert, sondern es wird frühzeitig und zu mehreren Zeitpunkten eine Evaluation durchgeführt. Durch die externe Evaluation können auch andere Bedingungsfaktoren aufgezeigt werden, an die Sie entweder noch gar nicht gedacht haben oder die Sie als Beteiligter am Unterricht nur schwer ausmachen können (z. B. das Fehlen einer entspannten Lernumgebung aufgrund von sozialen Spannungen).

Die eben aufgezeigten Merkmale und Bedingungen der prozessbezogenen externen Evaluation bestimmen im Wesentlichen die Evaluationsmethoden, -instrumente und -vorgehensweisen. Allerdings gibt es noch eine weitere Dimension, die die Evaluation nicht geringfügig bestimmt, nämlich ob es sich um die Form einer externen prozessbezogenen *Fremd*evaluation oder *Selbst*evaluation handelt.

2. Formen der externen prozessbezogenen Evaluation

Unterschieden werden können innerhalb der externen prozessbezogenen Evaluation die Fremdevaluation und die Selbstevaluation.

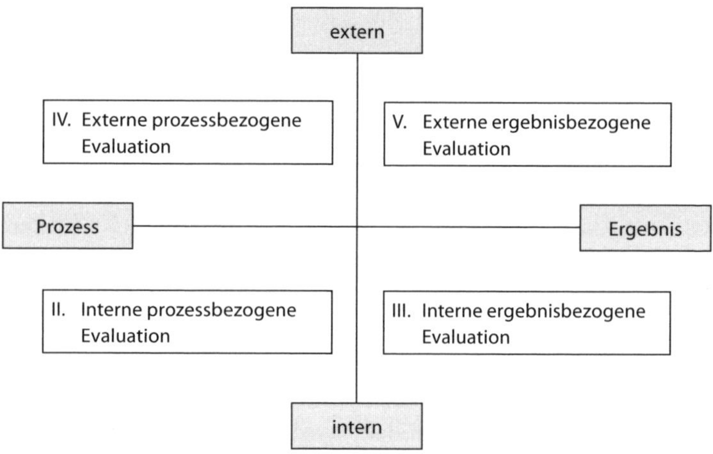

Abbildung 23: Formen der externen prozessbezogenen Evaluation

Bei der externen prozessbezogenen *Fremd*evaluation von Unterricht handelt es sich um eine Beurteilung ausgewählter Unterrichtsaspekte, die nicht nur von außenstehenden Evaluatoren initiiert wurde, sondern auch von ihnen durchgeführt wird.

Bei der externen prozessbezogenen *Selbst*evaluation von Unterricht handelt es sich um eine Beurteilung ausgewählter Unterrichtsaspekte, die zwar von außenstehenden Evaluatoren initiiert wurde, die aber von schulinternen Evaluatoren (eventuell von Ihnen selbst) durchgeführt wird.

Diese Unterscheidung ist für Sie in der Praxis bedeutend: Denn wenn an Ihrer Schule eine externe prozessbezogene *Fremd*evaluation durchgeführt wird, sind Sie weder an der Konstruktion der Evaluation noch als Evaluator beteiligt. Handelt es sich allerdings um eine externe prozessbezogene *Selbst*evaluation Ihrer Schule, kommen Ihnen auch Aufgaben zu, die die Durchführung der Evaluation betreffen.

Welche Aufgaben in beiden Fällen konkret auf Sie zukommen und welche Möglichkeiten Ihnen zur Verfügung stehen, sich in der jeweiligen Evaluationsform einzubringen und diese für Ihren eigenen Unterricht zu nutzen, erfahren Sie im Folgenden. Dort wird je ein Beispiel der externen prozessbezogenen Fremdevaluation und ein Beispiel der externen prozessbezogenen Selbstevaluation gegeben.

3. Beispiele und Instrumente der externen prozessbezogenen Evaluation von Unterricht

3.1 Schulinspektion als Beispiel externer prozessbezogener Fremdevaluation

Die externe Prozessevaluation von Unterricht stellt einen Teil der externen prozessbezogenen Evaluation von Schule dar. Diese umfassendere Evaluationsform bewertet allgemein die Prozesse schulischer Arbeit. Grundlage dabei bieten Referenzsysteme schulischer Qualität, mit deren Hilfe die Qualität der Schule und damit auch des Unterrichts gemessen wird.

Vor wenigen Jahren wurden in den meisten Bundesländern Evaluationsagenturen gegründet, um die eben beschriebene externe prozessbezogene Evaluation von Schule zu entwickeln und durchzuführen. Diese Form der Evaluation wird durch extra dafür ausgebildete externe Schulevaluatoren initiiert und auch durchgeführt. In den letzten Jahren entwickelten sie daher Systeme der externen prozessbezogenen Evaluation. Obwohl sie alle ähnliche Ziele verfolgen (nämlich die konstruktive Rückmeldung in ausgewählten Teilaspekten an die gesamte Schulgemeinschaft als Grundlage für die systematische Weiterentwicklung der schulischen Arbeit), erhielten die prozessbezogenen Verfahren je nach Bundesland unterschiedliche Bezeichnungen (vgl. Abbildung 24).

Bundesland	**Bezeichnung der externen Evaluation**	**Bundeslandspezifische Informationen zur externen Evaluation**
Baden-Württemberg	Qualitätsentwicklung und Fremdevaluation	http://www.schule-bw.de
Bayern	Externe Evaluation	http://www.isb.bayern.de
Berlin	Schulinspektion	http://bildungsserver.berlin-brandenburg.de
Brandenburg	Schulvisitation	http://bildungsserver.berlin-brandenburg.de
Bremen	Qualitätssicherung	
Hamburg	Schulinspektion	http://www.hamburger-bildungsserver.de
Hessen	Schulinspektion	http://dms.bildung.hessen.de
Mecklenburg-Vorpommern	Externe Evaluation	http://www.bildung-mv.de
Niedersachsen	Schulinspektion	http://nibis.ni.schule.de
Nordrhein-Westfalen	Qualitätsanalyse	http://www.bildungsserver.de
Rheinland-Pfalz	Externe Evaluation	http://bildung-rp.de
Saarland	Externe Evaluation	http://www.saarland.de/bildungsserver.htm

Bundesland	Bezeichnung der externen Evaluation	Bundeslandspezifische Informationen zur externen Evaluation
Sachsen	Schulevaluation	http://www.sachsen-macht-schule.de/schule/1274.htm
Sachsen-Anhalt	Schulevaluation	http://www.bildung-lsa.de
Schleswig-Holstein	Externe Evaluation durch EVIT (Evaluation im Team)	http://www.schleswig-holstein.de/IQSH/DE/IQSHnode.html
Thüringen		http://www.thueringen.de/de/tmbwk/bildung/schulwsen/schul entwick lung/

Abbildung 24: Bundeslandspezifische Bezeichnungen der externen prozessbezogenen Evaluation

Detaillierte Informationen zu den spezifischen Zielsetzungen und Verfahrensweisen der Länder finden Sie auf dem allgemeinen deutschen Bildungsserver (http://www.bildungsserver.de) oder auf den jeweiligen Bildungsservern der Länder.

Im Folgenden wird nicht auf die spezifischen Aspekte der Länderevaluationen eingegangen, sondern auf ihre Gemeinsamkeiten. Der Einfachheit halber wird für die externe prozessbezogene Fremdevaluation der Begriff Schulinspektion verwendet.

Wie oben schon erwähnt dienen Referenzrahmen schulischer Qualität als Grundlage für die Schulinspektion. Die Referenzrahmen legen fest, was überhaupt gute schulische Arbeit ausmacht. Jedes Bundesland definiert also ein Konzept zur Schulqualität, das den Orientierungsrahmen für die jeweilige Evaluation bildet. Konkret bedeutet dies, dass verschiedene Qualitätsbereiche festgelegt werden. Das Qualitätstableau der Qualitätsanalyse in Nordrhein-Westfalen besteht beispielsweise aus sechs Bereichen: (1) Ergebnisse der Schule, (2) Lernen und Lehren/Unterricht, (3) Schulkultur, (4) Führung und Management, (5) Professionalität der Lehrkräfte und (6) Ziele und

Strategien der Qualitätsentwicklung. Zwar variieren die Anzahl und die Benennung der Qualitätsbereiche je nach Bundesland. Jedoch befindet sich in jedem Referenzrahmen der für uns wesentliche Bereich der Unterrichtsqualität (siehe 2). Dies verdeutlicht seine zentrale Stellung innerhalb der schulischen Arbeit.

Bei der Beschäftigung mit dem Thema „Evaluation" und der Optimierung von Unterricht liegt es selbstverständlich nahe zu betrachten, welche Standards in Bezug auf den Unterricht definiert werden. Jeder Bereich definiert also wiederum Aspekte bzw. Kriterien, anhand derer schulische Arbeit bewertet wird.

Doch wie werden die Kriterien für guten Unterricht bestimmt? Auch diese Festlegung fällt je nach Bundesland geringfügig unterschiedlich aus. Allerdings würde es den Rahmen des Buches sprengen, die Qualitätskriterien für Unterricht für jedes Bundesland darzustellen und die Unterschiede im Einzelnen zu betrachten. Deshalb genügt es auch hier, auf die Gemeinsamkeiten einzugehen. Das im deutschsprachigen Raum bekannteste Unterrichtsmodell stammt von Andreas Helmke (2007) und beschreibt Aspekte guten Unterrichts, die den Ausführungen vieler Referenzrahmen sehr nahekommen und als Grundlage vieler Konzeptionen gelten. Dieses Modell wird im Folgenden stellvertretend vorgestellt.

Um jedoch den Bezug zu Ihren eigenen Erfahrungen und Einstellungen zur Unterrichtqualität herzustellen, sollten Sie sich zunächst selbst überlegen, welche Aspekte Sie für unabdinglich für guten Unterricht halten.

Übung 10:

Sie können sich folgende Fragen stellen:
- Welche Aspekte von gutem Unterricht halten Sie für Ihren Unterricht für besonders zentral?
- Welche konkreten Aspekte von gutem Unterricht möchten Sie näher betrachten?

Helmke (2007) formuliert insgesamt neun Bereiche, die seiner Meinung nach zentral für die Beschreibung von Unterrichtqualität sind:

1. Merkmale der Lehrperson
2. Kontextbedingungen
3. Fachwissenschaftliche Expertise
4. Didaktische Expertise
5. Motivierungsqualität
6. Klassenführung
7. Diagnostische Expertise
8. Unterrichtsquantität: Lehr- und Lernzeit
9. Qualität des Lehr- und Lernmaterials

Zu 1.) Die *Merkmale der Lehrperson* setzen sich wiederum aus drei Komponenten zusammen: (a) Engagement und Lehrmotivation, (b) Subjektive Theorien und epistemologische Überzeugungen und (c) Fähigkeit und Bereitschaft zur Selbstreflexion und Selbstverbesserung.

Zuallererst richtet Helmke (2007) den Blick auf das Engagement und die Lehrmotivation der Lehrkraft. Obwohl der empirische Forschungsstand zu diesem Thema relativ wenig ergiebig ist, hält er die positive Einstellung der Lehrperson zum unterrichteten Fach und zum Unterrichten als bedeutsam für den Berufs- und Unterrichtserfolg (Helmke 2007). Für die Schüler wahrnehmbar wird das Engagement der Lehrperson beispielsweise durch deren Enthusiasmus. Dieser kann sich durch „ausgeprägte Gestik, wechselnde Intonation, ständige(n) Blickkontakt, häufige(n) Standortwechsel auf der „Bühne“ sowie Humor und „lebendige Beispiele“ (Gage und Berliner 1996, S. 427) ausdrücken. Auch wenn Sie eine „lebendige und überzeugende Kommunikation“ (Gage und Berliner 1996, S. 427) zwischen sich und Ihren Schülern herstellen, zeugt dies von einer positiven Einstellung gegenüber Ihrer Tätigkeit. Natürlich kommt es aber auch darauf an, dass der Enthusiasmus der Situation angemessen ist.

Weitere Merkmale der Lehrkraft, die den Unterrichtserfolg beeinflussen, sind deren subjektiven Theorien und epistemologischen Überzeugungen. Im Gegensatz zu wissenschaftlichen Theorien sind mit subjektiven Theorien subjektive Aussagen- und Überzeugungssysteme gemeint. Obwohl diese nicht wissenschaftlich überprüft sind, werden sie von den Lehrkräften genauso zur Erklärung und Vorhersage von Unterrichtsgeschehen verwendet. Neben der Wahrnehmung und Deutung von Unterrichtssituationen beeinflussen subjektive Theorien die Erwartungen, die die Lehrkraft an die Schüler stellt und somit ihr professionelles Handeln (Baumert & Kunter 2006). Ähnlich verhält es sich bei den sogenannten epistemologischen Überzeugungen: Wenn Sie beispielsweise ein Mathematiklehrer sind, der davon überzeugt ist, dass Mädchen generell kein mathematisches Verständnis besitzen, werden Sie auf mathematische Schwächen von Mädchen anders – nämlich weniger unterstützend – reagieren als auf Schwächen von Jungen. Ihr bewusstes oder unbewusstes Lehrerhandeln hängt damit entscheidend von Ihren Vorstellungen ab, die dadurch wiederum die Qualität des Unterrichts beeinflussen.

Als drittes Merkmal der Lehrperson führt Helmke die Fähigkeit und Bereitschaft zur Selbstreflexion und Selbstverbesserung an. Weil Sie sich gerade damit beschäftigen, dieses Buch zu lesen, kann davon ausgegangen werden, dass Sie bereit sind, Ihren Unterricht selbstkritisch zu hinterfragen und verfügbare Methoden und Werkzeuge zur Selbstdiagnose und Selbstverbesserung zu nutzen.

Zu 2.) Die Unterrichtsqualität hängt natürlich auch mit den *Bedingungen* zusammen, die der *Kontext*, in dem unterrichtet wird, vorgibt. Dabei ist zu beachten, dass Unterrichtsqualität und kontextuelle Variabeln sich wechselseitig beeinflussen. Die Unterrichtsqualität ist somit Ursache und Wirkung zugleich: Einerseits ist sie beispielsweise ursächlich für den Leistungsstand einer Klasse. Andererseits ist sie ebenso abhängig von den Vorkenntnissen der Schüler.

Nicht alle Bedingungen, unter denen Unterricht stattfindet, können dabei von Ihnen ausgewählt oder beeinflusst werden

(Helmke 2007). Zusätzlich zu den soziokulturellen Rahmenbedingungen sind auch folgende elementare Kontextdimensionen vorgegeben:

- die Altersstufe der Schüler,
- der Bildungsgang/die Schulart/die Schulform,
- das Unterrichtsfach.

Neben diesen drei allgemeinen Bedingungen wird das Unterrichtsgeschehen nachhaltig vom konkreten Schul- und Klassenkontext beeinflusst, in dem sich natürlich die obigen Aspekte widerspiegeln. Für das Unterrichtsgeschehen spielt besonders der Klassenkontext eine bedeutende Rolle. Dieser hängt wiederum von mehreren Komponenten ab: Die Schulleistung der Schüler wird maßgeblich auch von ihrem sozialen Hintergrund bedingt (Helmke 2007). Die soziale Zusammensetzung einer Klasse kann also Aufschlüsse über das Potenzial einer Klasse geben und auch darüber, welche Unterrichtsmethoden für eine bestimmte Lerngruppe angemessen sind. Was für eine Schule im sozialen Brennpunkt ein großartiger Erfolg ist, kann folglich für eine gut situierte Schule einen Misserfolg bedeuten. Am schwierigsten gestaltet sich die Lehr- und Lernsituation wohl dann, wenn sich die sozialen Verhältnisse der Schüler in einer Klasse maßgeblich voneinander unterscheiden. Diese Heterogenität wird sich dann sehr wahrscheinlich auch in einer Leistungskluft innerhalb der Klasse niederschlagen, die die Unterrichtsqualität senken kann. Gerade der Umgang mit heterogenen Lern- und Leistungsvoraussetzungen stellt eine besondere Herausforderung für Lehrkräfte dar.

Eng mit dem sozialen Hintergrund verbunden ist der Aspekt der Zusammensetzung einer Klasse bezüglich ihrer Muttersprache. Studien weisen darauf hin, dass Kinder mit Migrationshintergrund häufig aus bildungsfernen Schichten stammen (Helmke 2007). Weitere leistungsrelevante Kontextmerkmale einer Klasse sind die Alters- und Geschlechtszusammensetzung, der Anteil der Klassenwiederholer und der TV- und Videokonsum.

Das Klassenklima wird dagegen nicht als Klassenkontext gesehen. Obwohl es zu Beginn einer Übernahme einer Klasse so interpretiert werden könnte, haben Sie als Lehrperson die Möglichkeit und Aufgabe (durch Ihr Verhalten, Ihre Erwartungen oder Ihren Lehr- und Interaktionsstil) das Klassenklima entscheidend mitzubestimmen.

Zu 3.) Die Unterrichtsqualität hängt außerdem mit der *fachwissenschaftlichen Expertise* der Lehrkraft zusammen. Reines Fachwissen reicht nicht aus, um von Sach- oder Fachkompetenz zu sprechen. Die Beherrschung der Lehrinhalte durch die Lehrperson muss mit ihrer fachdidaktischen, fachwissenschaftlichen, pädagogisch-psychologischen und entwicklungspsychologischen Expertise einhergehen. Beispielsweise ist jeder Lehrkraft klar, dass sie das Alter der Schüler bei der Vorbereitung ihres Unterrichts berücksichtigen muss: Das gleiche Thema verlangt eventuell eine ganz andere Behandlung, je nachdem ob Sie es Schülern der Sekundarstufe oder der Oberstufe nahebringen wollen. Einer ähnlichen Differenzierung bedarf es oftmals auch innerhalb einer Klasse. Interindividuelle Unterschiede zwischen den Schülern zu erkennen reicht nicht aus. Ihre Herausforderung besteht darin, solche Unterschiede bei der Unterrichtsgestaltung zu berücksichtigen.

Zu 4.) Ihre *didaktische Expertise* leistet einen wesentlichen Beitrag zum Gelingen eines guten Unterrichts und setzt sich aus mehreren Komponenten zusammen: Eine klassische Kategorie der didaktischen Expertise ist die Klarheit. Dieser Aspekt bezieht sich vor allem auf Lehreräußerungen. Beispielsweise sollten Sie darauf achten, sich akustisch verständlich auszudrücken. Besonders im Fremdsprachenunterricht wirken die Lehrkräfte als Vorbild, was Stil, Semantik und Intonation betrifft, weswegen eine präzise und korrekte Ausdrucksweise unabdinglich ist (Helmke 2007).

Zur Klarheit des Unterrichts gehört des Weiteren die fachliche Kohärenz. Ihre Aussagen sollten stets stringent aufeinander aufbauen. Ebenso verhält es sich mit den einzelnen Unterrichtsphasen: Studien belegen, dass dem Qualitätskriterium der Strukturiertheit des Unterrichts eine überragende Bedeutung für das Lernen der Schülerinnen und Schüler zukommt (Helmke 2007). Zum Aspekt der Klarheit gehört außerdem die Verständlichkeit bezüglich des inhaltlichen Gehalts mündlicher und schriftlicher Texte. Zur didaktischen Expertise wird auch der Umgang mit verschiedenen Methoden gezählt. Denn da Schüler verschiedene Persönlichkeiten, Lernstile, Fähigkeiten, Motivationen, Verhaltensweisen und Leistungen aufweisen, kommen ihnen auch verschiedene Lernmethoden entgegen. Sie sollten also darauf achten, Ihren Schülern ein breites Spektrum an Lernmethoden zu bieten, sodass jeder Lerntyp angesprochen wird. Allerdings geht es nicht nur darum, dass Sie wissen, welche Methode das Lernen welchen Schülers am besten fördert. Ihre Methodenauswahl sollte auch davon abhängen, welche Lernziele Sie verfolgen. Um diesen Anforderungen gerecht zu werden, ist es unerlässlich, ein breites Methodenrepertoire inklusive der Vor- und Nachteile der verschiedenen Methoden zu kennen. Dafür eignet sich am besten das eigene Ausprobieren, Üben und Reflektieren.

Eine gekonnte Individualisierung geht allerdings über die gekonnte Methodenvielfalt hinaus, weshalb sie als eigenes Qualitätskriterium von Unterricht aufgegriffen wird. Auch die Auswahl von Lernmaterialien, Lerninhalten, Lernzielniveaus und Motivierungstechniken sollte individuell auf Ihre Schüler abgestimmt sein. Weinert (1997) formuliert vier Möglichkeiten, wie Lehrkräfte auf die Heterogenität einer Klasse reagieren können: (a) Sie können die Heterogenität innerhalb der Klasse ignorieren, (b) Sie können die Schüler an die Anforderungen des Unterrichts anpassen, (c) Sie können den Unterricht an die lernrelevanten Unterschiede zwischen den Schüler anpassen oder (d) einzelne Schüler durch adaptive Gestaltung des Unterrichts gezielt fördern (Weinert 1997). Die beiden ersten Möglichkeiten scheinen nicht Erfolg versprechend: Gute Schüler werden noch besser, während sich die schwächeren noch verschlechtern. Um ein Optimum erreichbarer Lernfortschritte zu erreichen, sollten Sie – trotz ihrer Komplexität – lieber auf die beiden anderen Reaktionsmöglichkeiten, die Ihnen zur Verfügung stehen, zurückgreifen.

Fest steht, dass der Umgang mit Heterogenität „zu den zentralen Herausforderungen des Unterrichts“ (Helmke 2007, S. 72) gehört, weil er maßgeblich die Qualität des Unterrichts beeinflusst.

Zu 5.) Die Qualität Ihres Unterrichts können Sie auch steigern, indem Sie wissen, wie Sie Ihre Schüler motivieren können. Wie steht es um Ihre *Motivierungskompetenz*? Sie können auf verschiedene Motivsysteme abzielen, wie beispielsweise auf das Neugiermotiv, das Leistungsmotiv, das Wettbewerbsmotiv, das Anschlussmotiv oder das Motiv nach Selbstwerterhaltung.

In dieser Vielfalt an Motiven, die den Anreizwert für die Beschäftigung mit dem Unterrichtsstoff beeinflussen, sind intrinsische Motive (z. B. das Interesse an den Lerninhalten) und extrinsische Motive (z. B. das Wissen einer Belohnung bei guter Leistung) enthalten. Lange Zeit wurden intrinsische Motive als höherwertig betrachtet, weil sie dem langfristigen Lernen förderlicher zu sein schienen. Wenn Ihnen allerdings auffällt, dass es Ihren Schülern bei bestimmten Themen an intrinsischer Motivation mangelt, ist es durchaus legitim, auf extrinsische Anregungen zurückzugreifen, um sie zur Selbstmotivation anzuregen (z. B. durch einen Wettbewerb unter den Schülern).

Ein weiteres Mittel zur Motivationssteigerung wird *Passung* genannt. Darunter wird die Optimierung der Balance zwischen Anforderungen und Voraussetzungen verstanden. Dies betrifft erstens die Schwierigkeit der Unterrichtsinhalte. Der Schwierigkeitsgrad Ihrer Aufgaben und die Anforderungen sollten innerhalb der „Zone der nächsten Entwicklung“ (Wygotski 1978, S. 86) liegen, also oberhalb des aktuellen Wissens- und Kompetenzstandes, aber nicht zu weit davon entfernt. Damit werden sowohl eine Unterforderung als auch eine Überforderung verhindert. Motivierend wirken zudem Aufgaben, die am kindlichen bzw. jugendlichen Denken und Erfahrungsraum anknüpfen. Außerdem wirkt sich auch die Geschwindigkeit des Unterrichts auf die Schülermotivation aus: Fällt sie zu langsam aus, entsteht bei Schülern Langeweile, während ein zu hohes Tempo zu Frustration, Ärger und Angst führt. Sie sollten sich darüber bewusst sein, dass eine angemessene Geschwindigkeit von den Lerninhalten und -zielen abhängt: Routinemäßige Aufgaben benötigen weniger Zeit als komplexe Arbeitsaufträge. Natürlich kann es auch kein pauschal richtiges Unterrichtstempo für alle Schüler geben. Das Optimum liegt wohl in der Mitte, sowohl ein träger als auch ein hektischer Unterrichtsfluss kann die Motivation der Schüler beeinträchtigen (Helmke 2007).

Eine andere Richtung der Motivationsforschung beschäftigt sich mit der Selbstbestimmungstheorie. Diese interpretiert den „Zusammenhang zwischen Motivation und Lernen auf der Basis einer Theorie des Selbst" (Deci & Ryan 1993, S. 224). Sie geht davon aus, dass Menschen einen angeborenen Wunsch besitzen, ihre Umwelt zu erforschen, sodass es keiner Anleitungen und äußeren Zwänge bedarf. Dadurch findet eine Entwicklung des individuellen Selbst statt, dessen Eckpfeiler die Erfahrung, eigene Handlungen frei wählen zu können, ist. Für Sie als Lehrperson bedeutet dies konkret, dass Sie versuchen sollten, eine Umwelt zu schaffen, an der wichtige Bezugspersonen Anteil nehmen, welche die Befriedigung psychologischer Bedürfnisse ermöglicht, in der die Autonomiebestrebungen des Lerners unterstützt werden, und welche die Erfahrung individueller Kompetenz ermöglicht (Deci & Ryan 1993). Natürlich können Sie nur teilweise zur Schaffung einer solchen Umwelt beitragen, da alle diese Prozesse von der Gesamtheit der sozialen Bedingungen eines Schülers abhängen.

Zu 6.) Die *Klassenführung* beeinflusst maßgeblich die Unterrichtsqualität. Dabei geht effiziente Klassenführung weit über Disziplinsicherung hinaus (Helmke 2007). Sie betrifft auch zeitliche und motivationale Vorgänge des Unterrichts. Sie, als „leaders of learning and learners" (Mc Cown et al. 1996, S. 319), sind demnach dafür verantwortlich, dass die aktive Lernzeit (die Zeit, in der sich Schüler aktiv mit den Lerninhalten beschäftigen) möglichst groß gehalten wird. Wenn Sie also langwierige Disziplinierungen oder organisatorische Absprachen vornehmen, die Unterrichtszeit kosten, spricht dies nicht für eine angestrebte Klassenführung.

Um eine Klasse zu führen, scheint der autoritative Erziehungsstil, das Mittel zwischen einem autoritären und permissiven Stil, am hilfreichsten (Helmke 2007): Hierbei bestehen feste Regeln und Normen, allerdings dürfen diese von den Schülern hinterfragt werden. Ihre Aufgabe als Lehrperson ist es, eine Diskussion zuzulassen und die Schüler von der Notwendigkeit der Grenzen zu überzeugen. Als weitere Merkmale einer effizienten Klassenführung gelten außerdem Kounins (1976) Prinzipien: Die Allgegenwärtigkeit (die Schüler fühlen sich und ihr Verhalten durch die Lehrkraft zu jeder Zeit beobachtet), die Überlappung (die Lehrkraft handelt auf mehreren Ebenen: Sie nimmt beispielsweise gleichzeitig technische und disziplinarische Aufgaben wahr), die Zügigkeit (die Lehrperson vermeidet unnötige Unterbrechungen), die Geschmeidigkeit (die Lehrperson vermeidet sachlogische Brüche), die Gruppenaktivierung (die Lehrperson behält die Klasse als Gruppe im Auge, auch wenn sie nur einen Schüler befragt), das Übergangsmanagement (die Lehrperson formuliert knappe und eindeutige Übergänge zwischen verschiedenen Phasen) und die Vermeidung vorgetäuschter Anteilnahme (die Lehrperson erkennt, welche Schüler ihre Aufmerksamkeit nur vortäuschen).

Nachweislich weniger Schwierigkeiten haben Lehrkräfte, die erstens vorausschauend planen, beispielsweise den Klassenraum vorbereiten, damit Materialien für die Schüler leicht zugänglich sind, und sich zweitens proaktiv verhalten, beispielsweise ihren Unterricht so planen, dass unangemessenes Schülerverhalten nur schwer möglich ist.

Zu 7.) Die Unterrichtsqualität hängt von der *diagnostischen Expertise* der Lehrperson ab. Sie beinhaltet sowohl methodisches und prozedurales als auch konzeptuelles Wissen. Dies bedeutet, dass Sie erstens Methoden kennen, mit denen Sie die Schülerleistungen und Ihre eigenen Leistungen bewerten können und dass Sie zweitens wissen, wie und wo es zu Urteilstendenzen und Urteilsfehlern kommen kann. Die wichtigsten Gütekriterien/Gütemaße diagnostischer Urteile sind Objektivität, Reliabilität und Validität.

An dieser Stelle soll jedoch die Bedeutung diagnostischer Expertise im schulischen Kontext aufgezeigt werden. Diese ergibt sich erstens aus dem engen Bezug zwischen diagnostischer Expertise und den Kerngeschäften von Schule; nämlich der Erteilung von Qualifikationen und der Verbesserung des Lernens (Ingenkamp, 1988). Zweitens fällen Lehrkräfte tagtäglich Urteile auf verschiedenen Ebenen: Sie beurteilen nicht nur Merkmale von Personen (z. B. Kompetenzen), sondern auch Aufgabenmerkmale (z. B. Schwierigkeitsgrad). Sie bewerten sowohl fachliche Leistungen (z. B. Wissensstand) als auch überfachliche Aspekte (z. B. Leistungsangst). Weil sie zudem Gruppen unterrichten, diagnostizieren sie neben Individualleistungen auch die Leistungsstärke ganzer Klassen. Aber auch wenn sie lediglich einen einzelnen Schüler betrachten, diagnostizieren sie zumeist auf mindestens zwei Ebenen, weil sie dessen aktuellen Status mit dessen Potenzial vergleichen.

In Anbetracht dieser Bandbreite von Urteilen, die Lehrpersonen Tag für Tag fällen, scheint die diagnostische Expertise, die auch durch dieses Buch gefördert werden soll, für Lehrpersonen unabdingbar.

Zu 8.) Eine hohe Unterrichtsqualität benötigt eine hohe *Unterrichtszeit*. Das heißt, dass möglichst viel der nominalen Unterrichtszeit (der Zeit, die im Fachstundenplan in einem bestimmten Zeitraum für eine Klasse angesetzt ist) für die Vermittlung von Lerninhalten genutzt wird. Die nominale Unterrichtszeit abzüglich der Stunden, die beispielsweise durch Krankheit der Lehrperson oder Klassenfahrten ausfallen, ergibt die tatsächliche Unterrichtszeit, also die tatsächlich gehaltenen Stunden. Auch diese befassen sich nicht ausschließlich mit den Unterrichtsinhalten. Weil Zeit beispielsweise durch Organisatorisches verloren geht, fällt die nutzbare Unterrichtszeit noch einmal geringer aus als die tatsächliche Unterrichtszeit.

Die nutzbare Unterrichtszeit repräsentiert folglich das Unterrichtsangebot und es kommt darauf an, inwiefern die Schüler die nutzbare Unterrichtszeit als aktive Lernzeit nutzen bzw. der Unterricht so gestaltet ist, dass die Zeit von den Schülern auch aktiv zum Lernen genutzt werden kann. Die Unterrichtsqualität und somit der Leistungsfortschritt der Schüler hängen aufs Engste mit der aktiven Lernzeit zusammen. Ihr Ziel sollte es deswegen sein, Ihren Schülern innerhalb jeder Unterrichtsstunde eine möglichst große aktive Lernzeit zu ermöglichen (Treiber & Weinert 1982).

Zu 9.) Was und wie Schüler lernen, wird durch das *Lehr- und Lernmaterial* beeinflusst. Daher liegt es nahe, dass die Qualität der Unterrichtswerke die Unterrichtsqualität beeinflusst. Als Beispiel können Sie sich ein Geschichtsbuch vorstellen, das aus reinem Fließtext besteht, und eines, das durch Bilder, Quellen und sonstige Darstellungen für Schüler ansprechend gestaltet wurde. Natürlich wird sich ein Schüler mit Letzterem lieber und dadurch intensiver beschäftigen. Doch nicht nur das Layout des Lernmaterials bestimmt dessen Qualität, sondern auch die enthaltenen Aufgaben. Eine gute Mischung von Aufgabenformaten und -niveaus scheint hier schülergerecht und motivierend (Helmke 2007).

Übung 11:

Vergleichen Sie nun Ihre eigenen Überlegungen mit Helmkes Aspekten.

- Finden Sie alle Ihre Aspekte wieder?
- Gibt es Unterschiede?
- Können Sie Ihren eigenen Katalog ergänzen?

Beim Lesen der neun Bereiche von Unterrichtsqualität haben Sie bestimmt festgestellt, dass nicht alle Bereiche klar voneinander getrennt werden können und dass sich manche Aspekte überschneiden, ergänzen und miteinander zusammenhängen. Dies erklärt die Unterschiede der Referenzrahmen der Länder, da die Länder unterschiedliche Schwerpunktsetzungen, Inhaltsgruppierungen und Fokussierungen vorgenommen haben.

Über die bloße Nennung von Bereichen, die Sie beachten sollten, wenn Sie guten Unterricht machen wollen, hinaus, bieten Ihnen die Referenzrahmen der einzelnen Bundesländer weitere Indikatoren. Diese zeigen an, wie Sie erkennen können, ob die genannten Aspekte in Ihrem Unterricht auch realisiert werden.

Die Vorgehensweise mit diesen Indikatoren wird im Folgenden an einem konkreten Aspekt von gutem Unterricht, nämlich „Aufbau von fachlichen und überfachlichen Kompetenzen", betrachtet.

Der Hessische Referenzrahmen Schulqualität (siehe www.iq.hessen.de) z. B. konkretisiert dieses Kriterium durch die folgenden Anhaltspunkte:

- Der Unterricht orientiert sich an Lehrplänen bzw. Bildungsstandards und Kerncurricula und entspricht den dort dargelegten fachlichen Anforderungen.
- Der Unterricht sorgt für den systematischen Aufbau von Wissen unter Berücksichtigung von Anwendungssituationen, um den Erwerb fachlicher Kompetenzen zu ermöglichen.
- Beim Aufbau von Wissen und Kompetenzen knüpft der Unterricht an die Erfahrungen der Schülerinnen und Schüler an.
- Zu erwerbende Kenntnisse werden durch Wiederholen, (Teil-) Kompetenzen durch intelligentes Üben gefestigt.
- Die Vermittlung von überfachlichen Kompetenzen und Schlüsselqualifikationen ist Unterrichtsprinzip.
- Der Unterricht ist kognitiv herausfordernd und aktivierend.

Übung 12:

Überlegen Sie, welche Indikatoren Ihrer Meinung nach außerdem noch für erfolgreichen „Aufbau von fachlichen und überfachlichen Kompetenzen" sprechen.

3.2 Instrumente der Schulinspektion

Die Instrumente und Methoden der Schulinspektion wurden natürlich auf die entsprechenden Referenzrahmen abgestimmt. Da jede Methode nur einen Teil der Wirklichkeit erfassen kann – unterschiedliche Methoden spiegeln immer unterschiedliche Perspektiven wider – wird auf eine Vielzahl von Datenerhebungsmethoden und Instrumenten zurückgegriffen (Prinzip der Triangulation).

Für die Schulinspektion bedeutet dies, dass verschiedene Personengruppen in die Evaluation einbezogen werden und dass verschiedene Instrumente zur Datenerhebung genutzt werden, um an die nötigen Informationen zu gelangen. Da Sie manche Instrumente der externen prozessbezogenen Fremdevaluation auch für Ihre eigenen Evaluationen und darauf aufbauend für Ihre Unterrichtsentwicklung nutzen können, werden diese im Folgenden vorgestellt.

Dokumentenanalyse

Üblicherweise wird im Rahmen der Schulinspektion noch vor dem Schulbesuch eine Analyse wichtiger Schuldokumente vorgenommen. Dabei wird auf Grundlage des Referenzrahmens Schulqualität geprüft, von welcher Qualität die dokumentierten Prozesse der Schule sind. Zu diesen Dokumenten gehören beispielsweise das Schulprogramm und das Schulcurriculum. Aus den Ergebnissen der Dokumentenanalyse können darüber hinaus Ableitungen für die Interviews beim Schulbesuch getroffen werden.

Fragebogen

Um die Einstellung aller an Schule beteiligten Personen zu erfassen, werden im Rahmen der Schulinspektion häufig auch Fragebögen für Lehrkräfte, Schüler, aber auch Eltern und andere an der Schule Tätigen oder mit der Schule in Verbindung Stehenden (z. B. Partner der beruflichen Bildung) eingesetzt, um anhand von Fragebogen Aussagen zu Schule (z. B. Zufriedenheit mit der Schule), Schulgemeinde (z. B. Beteiligungsrechte und -möglichkeiten) und Unterricht zur erhalten. Letzter Punkt interessiert uns natürlich in Bezug auf die Unterrichtsqualität besonders und soll weiterhin im Fokus stehen. Durch die Bearbeitung der Fragebogen werden somit die subjektiven Einschätzungen verschiedener Schulgruppen beispielsweise zur Unterrichtsqualität offengelegt. Selbstverständlich werden die Fragebogen je nach Zielgruppe vor ihrem Einsatz parallelisiert.

Unter der Parallelisierung eines Fragebogens versteht man dessen adressatenspezifische Anpassung an die verschiedenen beteiligten Personengruppen, ohne ihn inhaltlich zu verändern.

Beispielsweise könnte ein Item (eine geschlossene Aussage) eines Fragebogens für Lehrer folgendermaßen lauten: „Ich gestalte meinen Unterricht so, dass alle Schüler ihr Vorwissen und ihre Erfahrungen einbringen können“. Dessen Parallelisierung für einen Fragebogen für Schüler wiese dann folgende Form auf: „Mein Lehrer gestaltet seinen Unterricht so, dass ich mein Vorwissen und meine Erfahrungen einbringen kann.“ Über diese Art der Parallelisierung kann man die Fremdeinschätzung der Schüler mit der Selbsteinschätzung der Lehrkraft in Beziehung bringen.

Die Antwortmöglichkeiten beider Personengruppen unterscheiden sich allerdings nicht voneinander: Alle Befragten (Lehrkräfte oder Schüler) haben die gleichen Möglichkeiten, ihre Einschätzungen durch das Ankreuzen einer Antwortmöglichkeit abzugeben. Dies ermöglicht einen direkten Vergleich der Einschätzungen aller befragten Gruppen. Je nach Fragebogen unterscheidet sich die Anzahl der Antwortmöglichkeiten. Meistens werden vier- oder fünfstufige Antwortformate verwandt (mit einer „ich weiß nicht“-Kategorie). Ein fünfstufiges Antwortformat könnte beispielsweise folgendermaßen aussehen:

- trifft zu
- trifft eher zu
- trifft eher nicht zu
- trifft nicht zu
- weiß nicht/keine Angabe

Weil die Befragten nicht die Option haben, freie Angaben zu machen, sondern sich innerhalb dieses Rasters äußern müssen, handelt es sich bei dieser standardisierten, geschlossenen Untersuchungsmethode um ein quantitatives Verfahren.

Quantitative Verfahren zeichnen sich außerdem dadurch aus, dass angestrebt wird, eine möglichst große Anzahl von Personen zu befragen, um die Ergebnisse abzusichern. Dieses Ziel verfolgt auch die Bereitstellung mehrerer Items zu einem Bereich: Das oben genannte Item „Ich gestalte meinen Unterricht so, dass alle Schüler ihr Vorwissen und ihre Erfahrungen einbringen können“ gehört beispielsweise zum übergeordneten Bereich/zur Dimension „Anknüpfen an Erfahrungen der Schüler“. Damit dieser Bereich nicht nur durch ein einziges Kreuzchen des Befragten evaluiert wird, könnte der Fragebogen z. B. zusätzlich das Item „In meinem Unterricht mache ich die Bedeutung des Gelernten für den Alltag der Schülerinnen und Schüler deutlich, um die Anschlussfähigkeit zu sichern“ enthalten. Beide Items zielen also auf die Beurteilung des gleichen Bereichs/der gleichen Dimension („Anknüpfen an Erfahrungen der Schüler“) ab, „verpacken“ ihn jedoch unterschiedlich. Während manche Fragebogen die Items eines Bereichs diesem offensichtlich zuordnen, gibt es auch Fragebogen, die die Items ungeordnet auflisten.

Allen Fragebogen ist jedoch gemein, dass die Anonymität der Beteiligten gewährleistet wird, weshalb sich eine Onlinebefragung per Zugangscode und eine elektronische Auswertung der Fragebogen anbietet.

Interviews

Nachdem die Fragebögen ausgewertet wurden, erfolgt bei der Schulinspektion der Schulbesuch der Evaluatoren, der im Durchschnitt etwa drei Tage (je nach Größe der Schule) andauert. Währenddessen finden auch Interviews statt, die üblicherweise in Kleingruppen (etwa sechs Teilnehmer) einer Befragtengruppe durchgeführt werden. Das Spektrum der Befragten innerhalb einer solchen Gruppe sollte möglichst breit gefächert sein: Neben extra ausgewählten Funktionsträgern (z. B. der Fachleiterin) bietet es sich an, auch zufällig ausgewählte Personen (z. B. jede 12. Lehrperson der Kollegiumsliste) zu berücksichtigen. Analog dazu sollten bei Schülerinterviews Schüler verschiedener Jahrgangsstufen und Schulzweige miteinbezogen werden.

Die Dauer der Interviews variiert von Bundesland zu Bundesland, beträgt meistens aber etwa 60 Minuten. Innerhalb dieses zeitlichen Rahmens äußern sich die Befragten zu bestimmten Aspekten des Schulalltags. Weil die Datenerhebung durch Fragebögen den Interviews vorausging, eröffnet sich nun die Möglichkeit, konkret auf Eindrücke des Inspektionsteams einzugehen. Die Interviews dienen also der Vervollständigung der Informationen über die Schule sowie der Beseitigung von bestehenden Unklarheiten. Dabei orientieren sich die Fragen des Inspektionsmitgliedes natürlich am Referenzrahmen Schulqualität des betreffenden Bundeslandes. Zur weiteren Strukturierung wird zusätzlich auf einen Leitfaden zurückgegriffen. Dieser kann bei Bedarf durch Fragen, die sich explizit auf die evaluierte Schule beziehen, ergänzt werden.

Nachdem alle Interviews geführt wurden, werden die Antworten in einem Protokoll dokumentiert. Die abschließende

Auswertung findet jedoch erst statt, wenn alle Ergebnisse auf die Qualitätsbereiche und -kriterien des Referenzrahmens bezogen wurden und so ein „Bild" der Schule ergeben.

Beobachtungsinstrumente: Beispiel Unterrichtsbeobachtungen

Als weitere Instrumente, vor allem für die Evaluation von Unterricht, werden Beobachtungsinstrumente eingesetzt. Weil dieses Buch den Unterricht fokussiert, wird an dieser Stelle ausschließlich auf dieses Instrument eingegangen.

Unterrichtsbeobachtungen finden während des Schulbesuches im Rahmen von Unterrichtsbesuchen statt, die Einblicke in die Unterrichtssituationen geben. Der Schulinspektion geht es dabei nicht darum, einzelne Lehrkräfte zu bewerten, sondern über eine systematische Bewertung verschiedener Unterrichtssequenzen ein Gesamtbild der Unterrichtsqualität an der betreffenden Schule zu erhalten. Dazu werden eigens dafür konstruierte Unterrichtsbeobachtungsbögen genutzt, die sich wiederum am Referenzrahmen, genauer gesagt an dessen Bereich, der sich auf Unterricht bezieht, orientieren. Diese Beobachtungsbögen sind (ähnlich wie auch die Fragebögen) für die Schulen öffentlich und können auch außerhalb der Schulinspektion zur Analyse und Bewertung von Unterrichtssequenzen verwenden werden (z. B. im Rahmen von internen Evaluationen). Zur Verdeutlichung wird nochmals der Hessische Referenzrahmen Schulqualität herangezogen, an dem schon die Vorgehensweise mit Indikatoren exemplarisch vorgeführt wurde. Dafür nutzen wir wiederum die Dimension „Aufbau von fachlichen und überfachlichen Kompetenzen". Dazu werden folgende Indikatoren bereitgestellt:

- Der Unterricht orientiert sich an Lehrplänen bzw. Bildungsstandards und Kerncurricula und entspricht den dort dargelegten fachlichen Anforderungen.
- Der Unterricht sorgt für den systematischen Aufbau von Wissen unter Berücksichtigung von Anwendungssituationen, um den Erwerb fachlicher Kompetenzen zu ermöglichen.

- Beim Aufbau von Wissen und Kompetenzen knüpft der Unterricht an die Erfahrungen der Schüler an.
- Zu erwerbende Kenntnisse werden durch Wiederholen, (Teil-) Kompetenzen durch intelligentes Üben gefestigt.
- Die Vermittlung von überfachlichen Kompetenzen und Schlüsselqualifikationen ist Unterrichtsprinzip.
- Der Unterricht ist kognitiv herausfordernd und aktivierend.

Diese Indikatoren finden ihren Niederschlag nun im Unterrichtsbeobachtungsbogen der Hessischen Schulinspektion, den Sie unter http://www.iq.hessen.de einsehen können. Ausgehend vom Hessischen Referenzrahmen über dessen Qualitätsbereiche, Qualitätskriterien und den daraus resultierenden Indikatoren ergeben sich folgende Items des Unterrichtsbeobachtungsbogens:

- Im Unterricht wird die bewusste Anwendung des Gelernten gefördert.
- Die Aufgabenstellungen sind auf die alltäglichen/beruflichen Anforderungen abgestimmt.
- Die Lehrkraft organisiert den Unterricht so, dass die Schüler ihre Erfahrungen/Kenntnisse/Fähigkeiten mit den Unterrichtsinhalten verknüpfen können.
- Die Lehrkraft schafft Gelegenheiten, Wissen, Kenntnisse, Fähigkeiten und Fertigkeiten durch Wiederholen zu festigen.
- Es werden Gelegenheiten zur mehrfachen Verarbeitung des neuen Lernstoffes in unterschiedlichen Aufgabenformaten geschaffen.
- Die Lehrkraft fördert die Entwicklung von Selbst- und Sozialkompetenz.
- Die Lehrkraft fördert die Entwicklung von Lern- und Methodenkompetenz (Arbeitstechniken und Lernstrategien).
- Die Lehrkraft fördert die Entwicklung von Lesekompetenz.
- Die Lehrkraft fördert den kompetenten Umgang mit Medien.
- Die Lehrkraft stellt geeignete Unterrichtsarrangements/Materialien zur Erschließung herausfordernder Fragestellungen/motorischer Herausforderungen bereit.

- Die Lehrkraft aktiviert die Schüler zu eigenen Beiträgen, Handlungs- und Lösungsideen.
- Der Anteil an fachlicher Aktion, Interaktion, Kommunikation der Schüler ist hoch.

Zwar ähneln sich die Bearbeitungsweisen der Unterrichtsbeobachtungsbögen und der zuvor vorgestellten Fragebögen, denn die Befragten müssen in beiden Fällen geschlossene Aussagen (Items) auf ihren Ausprägungsgrad hin, anhand eines speziellen Antwortformats („trifft nicht zu“, „trifft eher nicht zu“, „trifft eher zu“, „trifft zu“) beurteilen (siehe Abschnitt: Fragebogen). Allerdings werden die Unterrichtsbeobachtungsbögen ausschließlich von Inspektionsmitgliedern und nicht von verschiedenen Gruppen bearbeitet. Der Unterrichtsbeobachtung muss außerdem eine ausführliche Beobachterschulung vorangehen. Für eine Evaluation ist es absolut unerlässlich, dass in den Unterrichtsbeobachtungsbögen nur das erfasst wird, was tatsächlich im Unterricht zu beobachten ist.

Der Aufbau des Beobachtungsbogens ermöglicht eine Auswertung und Zusammenfassung der verschiedenen Unterrichtsbeobachtungen nach einzelnen Kriterien des Unterrichts: Es werden also die mittleren Bewertungsergebnisse für die einzelnen Bereiche (z. B. „Aufbau von fachlicher und überfachlicher Kompetenz“) errechnet. Diese Ergebnisse fließen mit den durch andere Instrumente (z. B. die Schülerfragebögen) ermittelten Daten, die den Unterricht betreffen, in den abschließenden Inspektionsbericht ein. Da die Daten des Inspektionsberichts verschiedenen Methoden, Instrumenten und Personengruppen entstammen, kann von einer Datentriangulation (bzw. Methodentriangulation/Akteurtriangulation) gesprochen werden. Solche Triangulationen verfolgen das Ziel, möglichst viele Perspektiven in die Evaluation einfließen zu lassen, um die Ergebnisse wissenschaftlich abzusichern.

Wie der Inspektionsbericht außerdem aufgebaut ist und wie Sie dessen Ergebnisse nutzen können, erfahren Sie im Kapitel „Wie können die Ergebnisse ausgewertet und interpretiert werden?“.

3.3 SEIS als Beispiel externer prozessbezogener Selbstevaluation

Neben der externen prozessbezogenen *Fremd*evaluation, die wir anhand des Beispiels der Schulinspektion vorgestellt haben, gibt es auch die externe prozessbezogene *Selbst*evaluation. Ein Beispiel für diese Evaluationsform stellt SEIS (**S**elbst**e**valuation **i**n **S**chulen) dar. Dabei handelt es sich um ein internationales Netzwerk, das bereits 1997 unter dem Namen Inis auf Initiative der Bertelsmann-Stiftung gegründet wurde.[2] Wie die Schulinspektion wurde SEIS also durch Außenstehende initiiert (extern). Weitere Gemeinsamkeiten zwischen der Schulinspektion und SEIS bestehen außerdem in der Zielsetzung – der Qualitätsentwicklung in Schulen – und der Fokussierung auf Schulprozesse. Der entscheidende Unterschied liegt in der Evaluationsdurchführung: Zwar werden alle benötigten Materialien für die Evaluation von einem Projektteam entwickelt und bereitgestellt. Die Evaluation wird dann aber selbst durchgeführt. Natürlich geschieht dies durch festgelegte Verfahren und Instrumente, auf die weiter unten eingegangen wird.

Zunächst ist jedoch die Voraussetzung für eine SEIS-Evaluation, dass die betreffende Schule das SEIS-Qualitätsverständnis akzeptiert.[3] Da dieses analog zu den Orientierungsrahmen bzw. Qualitätsrahmen der Schulinspektion entwickelt wurde, werden Sie im Folgenden sowohl strukturelle als auch inhaltliche Übereinstimmungen ausmachen können. Das SEIS-Qualitätsverständnis besteht aus verschiedenen Qualitätsbereichen: (1) Ergebnisse, (2) Lernen und Lehren, (3) Schulkultur, (4) Führung und Schulmanagement, (5) Professionalität der Lehrkräfte und (6) Ziele und Strategien der Qualitätsentwicklung. Diesen Qualitätsbereichen wurden wiederum jeweils drei bis sechs Kriterien zugeordnet, mithilfe derer die Qualität der Bereiche überprüft werden kann. Uns interessieren im Zusammenhang

2 http://www.umweltschulen.de/audit/bertelsmann.html

3 http://www.seis-deutschland.de/seis-instrument/

mit der Unterrichtsqualität natürlich besonders die dem zweiten Qualitätsbereich (Lernen und Lehren) zugeordneten Kriterien. Diese sind (a) Schulinternes Curriculum, (b) Schülerunterstützung und Förderung, (c) Fachliche und didaktische Gestaltung von Lernen im Unterricht, (d) Selbstbestimmtes und selbstgesteuertes Lernen, (e) Gestaltung von Beziehungen, Lernzeit und Lernumgebung und (f) Leistungsanforderungen und Leistungsbewertungen.

Wenn sich eine Schule oder eine Schulgruppe mit dem SEIS-Qualitätsverständnis identifizieren kann und eine Evaluation mithilfe der SEIS-Instrumente durchführen will, muss sie sich zunächst unter folgender Internetadresse anmelden oder registrieren: www.seis-deutschland.de. Daraufhin erhalten die Interessierten gegen eine Teilnahmegebühr eine spezielle internetbasierte Software. Diese dient dazu, die Prozessschritte von SEIS möglichst praxistauglich zu gestalten. Beispielsweise gibt die Software Anleitungen zum Anmeldevorgang, zum Vorbereiten einer Umfrage und zum Herunterladen der Ergebnisse nach der Evaluation. Die Datenerhebung erfolgt mithilfe von bereitgestellten Fragebögen, zu denen Sie detaillierte Informationen im nächsten Abschnitt finden.

Wenn alle Daten der Fragebögen an die SEIS-Software übertragen wurden, erstellt diese einen SEIS-Schulbericht, sodass keine mühsame Handauszählung von Nöten ist. In diesen Bericht gehen auch Informationen ein, die durch das Schulleitungsformular (SLEF) ermittelt wurden. Da dieses Instrument die quantitativen Daten der Schule ergänzt, aber nur von der Schulleitung bearbeitet wird, wird im Folgenden näher auf das hauptsächliche SEIS-Instrument eingegangen.

3.4 SEIS-Instrumente

SEIS arbeitet hauptsächlich mit dem Instrument des Fragebogens. Dieser kann entweder in Papierform oder per Computer bearbeitet werden. Je nachdem werden die Fragebögen abgeholt und vollautomatisch in die Software eingelesen oder aber die Erhebungsdaten gelangen auf dem direkten Weg des Internets an die SEIS-Software, die den Schulbericht erstellt. Der Aufbau der Fragebogen ergibt sich aus dem SEIS-Qualitätsverständnis. Wie aufgezeigt beinhaltet dieses sechs Qualitätsbereiche mit etwa 30 Qualitätskriterien. Jedes Kriterium wurde nun in fünf bis zehn Items umgesetzt, die von den Befragten bearbeitet werden. Dabei gibt es neben folgenden Antwortmöglichkeiten „stimme voll zu", „stimme zu", „stimme nicht zu" und „stimme überhaupt nicht zu" auch die Option „weiß nicht". Es handelt sich hierbei also um ein fünfstufiges Modell.

Wie bei der Schulinspektion richten sich die Fragebögen an alle Gruppen, die am schulischen Leben beteiligt sind: Schülerschaft, Lehrkräfte, Schulleitung, nicht-pädagogische Mitarbeiter, Eltern und Ausbilder. Natürlich wurden auch hier die Items an die jeweiligen Personengruppen angepasst und parallelisiert. Zusätzlich zu den festgelegten Items besteht die Möglichkeit, dass die betreffende Schule bis zu zehn zusätzliche Items formuliert, die besondere Interessen und Fragestellungen der Schule berücksichtigen.

4. Wie können die Daten ausgewertet und interpretiert werden?

Da es sich sowohl bei SEIS als auch bei der Schulinspektion um externe Evaluationsformen handelt, findet die Auswertung und Dokumentation der erhobenen Daten in beiden Fällen nicht durch die betreffenden Schulen statt.

Im Falle von SEIS übernimmt diese Aufgabe eine eigens dafür entwickelte Software. Alle Ergebnisse der Evaluation werden dann in einem sogenannten SEIS-Bericht festgehalten. Dieser kann durch einen passwortgeschützten Bereich der Software heruntergeladen werden. Der Bericht besteht aus mindestens zwei Teilen: (1) Einem schulinternen Vergleichsbericht, der ausschließlich die eigenen Daten enthält und (2) einem schulübergreifenden Vergleichsbericht, damit die Ergebnisse besser eingeordnet werden können. Wenn die betreffende Schule schon einmal an einer SEIS-Evaluation teilgenommen hat, erhält sie zudem (3) einen Entwicklungsbericht. Weil die Resultate die Schule auf Auffälligkeiten aufmerksam machen soll, besteht zudem die Möglichkeit, eine individuelle Kommentierung des schulinternen Vergleichsberichtes anzufordern. Diese wird durch ausgebildete Analysten angefertigt. Anhand dieser Informationen kann die Schule dann entscheiden, welche Konsequenzen aus den Ergebnissen gezogen werden. Die Berichte schreiben den Schulen keineswegs vor, wie die künftige schulische Arbeit aussehen soll. Der SEIS-Bericht bietet jedoch den idealen Ausgangspunkt für die Schulentwicklung.

Bei der Schulinspektion wertet das durchführende Institut die erhobenen Daten und Evaluationsergebnisse aus. Die Ergebnisse werden den betreffenden Schulen im Anschluss an die Evaluation per Bericht mitgeteilt. Dabei gibt es mehrere Möglichkeiten, wie die Ergebnisse in diesen Berichten dargestellt werden: durch ausformulierte Beschreibungen im Fließtext, durch quantitative Bewertungen ausgewählter Kriterien (Angabe von Mittelwerten und Streuungen bzw. Darstellung der Häufigkeitsverteilungen und/oder Darstellung der Ergebnisse in Form von Diagrammen) oder in beiden Varianten. In manchen Bundesländern erhalten die Schulen zusätzlich eine CD-Rom, auf der sich alle Rohdaten, also Beobachtungs- und Fragebogenergebnisse, befinden. Dadurch erhalten die Schulen die Möglichkeit und Grundlage, datengestützte Schulentwicklungsprozesse zu initiieren. Die Prioritätensetzung sowie die genaue Planung dieser Entwicklungsmaßnahmen werden meistens durch Zielvereinbarungen mit der zuständigen Schulaufsicht begleitet.

Damit das Potential der externen prozessbezogenen Fremd- und Selbstevaluation auch optimal genutzt werden kann, ist es notwendig, dass Sie …

1. … den Inspektionsbericht richtig lesen können. Dies bedeutet, dass Sie die Grundprinzipien der Referenzrahmen und

der Ergebnisdarstellung nachvollziehen können. (Ersteres sollte nach der Lektüre des ersten und dieses Kapitels der Fall sein. Auf die Darstellung und Interpretation deskriptiver statistischer Verfahren wird im Kapitel Schulrelevante statistische Kennwerte und methodische Prüfverfahren eingegangen.)
2. … quantitative Daten lesen können. (Auch dieses Thema finden Sie im Kapitel „Schulrelevante statistische Kennwerte und methodische Prüfverfahren".)
3. … auf der Grundlage der Ergebnisse der ganzen Schule auf den eigenen Unterricht schließen können. (Ausführungen zu diesem Punkt folgen im Anschluss.)

5. Wie können die Ergebnisse und Instrumente für die Entwicklung des eigenen Unterrichts genutzt werden?

Da es der externen prozessbezogenen Evaluation nicht um die Bewertung einzelner Personen, sondern um einen Gesamteindruck der Schulqualität der betreffenden Einrichtung geht, bietet Ihnen der jeweilige Bericht keine individuellen Rückmeldungen zu Ihrem Unterricht.

Wenn an Ihrer Schule bereits eine Evaluation durchgeführt wurde, bietet es sich an die Evaluationsergebnisse und -instrumente für sich zu nutzen.

Übung 13:

Sie können sich folgende Fragen stellen:

- Mit welchen Evaluationsinstrumenten sind Sie während der Evaluation in Berührung gekommen?
- Welche Instrumente eignen sich auch für Ihre selbstinitiierten Evaluationen?
- Wie waren die Ergebnisse der externen Schulevaluation für den Unterricht an Ihrer Schule?

- Welche Ergebnisse können bzw. wollen Sie für Ihre eigene Unterrichtsentwicklung nutzen?
- Wie können Sie die Ergebnisse für die Verbesserung Ihres eigenen Unterrichts nutzen?

Wenn an Ihrer Schule hingegen eine externe Evaluation geplant ist, sollten Sie folgende Fragen im Vorfeld beantworten. Denn es ist durchaus aufschlussreich, die eigenen Erwartungen mit den Ergebnissen zu vergleichen.

Übung 14:

Sie können überlegen, welche Erwartungen Sie bezüglich der Ergebnisse haben.

- Welche Ergebnisse erwarten Sie?
- Worin bestehen Stärken/Schwächen Ihrer Schule?
- Worin bestehen Stärken/Schwächen Ihres Unterrichts?

Natürlich gibt es mehrere Möglichkeiten, wie Sie externe prozessbezogene Evaluationen nach Ihrer Durchführung für sich nutzen können.

Zuallererst stellt sich die Frage, ob an Ihrer Schule bereits eine externe prozessbezogene Fremdevaluation (z. B. Schulinspektion) oder Selbstevaluation (z. B. SEIS) stattgefunden hat und ob Sie gegebenenfalls auf deren Ergebnisse zurückgreifen wollen bzw. können. Dies hängt einerseits von Ihren Zielen und andererseits davon ab, ob Sie Zugang zu den Ergebnissen/Daten (SEIS-Bericht, Inspektionsbericht, CD-Rom, …) haben.

Anhand der Berichte lassen sich die Ergebnisse der verschiedenen Qualitätsbereiche ablesen. So werden Tendenzen innerhalb der Bereiche ersichtlich. Dadurch, dass die Bereiche wiederum aus verschiedenen Kriterien zusammengesetzt sind, können auch differenzierte Aussagen gemacht werden. Beispielsweise könnte auffällig sein, dass der Qualitätsbereich, der den Unterricht betrifft, weniger gut als erwartet abgeschnitten hat, weil das Kriterium „Beim Aufbau von Wissen und Kompetenzen knüpft der Unterricht an die Erfahrungen der Schüler an" von den Befragten als unzulänglich bewertet wurde. An solchen Schwachstellen sollte nun angesetzt werden.

Weil die externe Evaluation ein Gesamtbild der betreffenden Schule liefert, liegt es zunächst nahe, dass Maßnahmen auf Schulebene getroffen werden. Die grundlegende Voraussetzung für eine positive Schulentwicklung ist immer die Kommunikation aller Beteiligten. Wenn die Ergebnisse einer Evaluation nicht diskutiert werden und kein reger Austausch stattfindet, wird die Evaluation keine Veränderung herbeiführen. Zunächst muss sich die Schulgemeinschaft daher auf Ziele und deren zeitlichen Rahmen verständigen. Wenn diese festgelegt sind, geht es darum, Konsequenzen aus der Evaluation abzuleiten, die zu den vereinbarten Zielen führen sollen. Nur eine solche Vorgehensweise macht eine Evaluation sinnvoll. Denn die Bewertung eines Gegenstandes bürgt ja noch lange nicht für seine Verbesserung. Die Findung und Durchsetzung von geeigneten und praktikablen Maßnahmen muss demnach das Ziel jeder Evaluation sein. Im Folgenden werden einige übliche Konsequenzen der externen Evaluation vorgestellt.

Mögliche Konsequenz einer externen Evaluation wäre es zum Beispiel, Fortbildungen für die Lehrkräfte anzubieten, die die problematischen Auffälligkeiten thematisieren. Oder es kann eine schulinterne Fachgruppe gebildet werden, die sich zum Ziel setzt, Maßnahmen und Ideen zu entwickeln, die Lehrkräften dabei helfen können, ihren Unterricht zu verbessern. Bleiben wir bei dem obigen Beispiel: Die Fachgruppe könnte konkrete Unterrichtsvorschläge und Aufgabenformate entwickeln, die den Unterricht der Schule mehr auf die Erfahrungen der Schüler abstimmen. Damit die Ergebnisse der Fachgruppe wirklich alle Lehrkräfte erreichen, bietet es sich an, einen pädagogischen Tag als Rahmen für eine Präsentation der Ergebnisse zu nutzen. Dieser kann aber auch zur (Weiter-)Entwicklung und Einübung von Verbesserungsstrategien dienen. Solche von der Schule initiierten Maßnahmen zielen zwar auf die Verbesserung des Unterrichts der Gesamtschule ab, betreffen und verbessern damit jedoch auch Ihren Unterricht.

Daneben können Sie aus den „fertigen Ergebnissen“ aber auch eigens konstruierte Konsequenzen ziehen: Nur weil beispielsweise der Unterrichtsaspekt „Zu erwerbende Kenntnisse werden durch Wiederholen, (Teil-)Kompetenzen durch intelligentes Üben gefestigt“ schlecht abgeschnitten hat, muss dies nicht bedeuten, dass dieser Punkt einen Mangel in Ihrem Unterricht darstellt. Sie könnten dies trotzdem zum Anlass nehmen, einmal bewusst zu prüfen, ob Sie bei Ihrer Unterrichtsplanung Wiederholungsphasen berücksichtigen und wie sich diese in Ihrem Unterricht quantitativ und qualitativ darstellen. Natürlich könnte es hier auch eine Hilfe sein, wenn Sie einen Kollegen bitten, Ihren Unterricht hinsichtlich dieses Punktes zu beobachten. Zu dieser Form der Evaluation finden Sie detaillierte Informationen in dem Kapitel „Interne prozessbezogene Evaluation“. Dafür bietet es sich an, auf die Ihnen bekannten Instrumente der externen prozessbezogenen Evaluation zurückzugreifen.

Außer den Unterrichtsbeobachtungsbogen stehen Ihnen auch die Fragebogen der externen prozessbezogenen Evaluationen zur Verfügung. Hier haben Sie etliche Auswahlmöglichkeiten: Neben den SEIS-Fragebogen existieren ja auch die Fragebogen der Schulinspektion verschiedener Bundesländer. Wie bereits erwähnt, können Sie sowohl das SEIS-Qualitätsverständnis als auch die Referenzrahmen der Länder per Internet abrufen. Da Sie Aspekte Ihres Unterrichts evaluieren wollen, ist natürlich der jeweilige Bereich, der den Unterricht betrifft, am interessantesten und relevantesten für Sie. Achten Sie also besonders darauf, dass Ihnen und Ihren Zielen dieser Bereich entgegenkommt. Ihre Ziele müssen schon vor der Auswahl eines bestimmten Referenzrahmens klar sein.

Übung 15:

Sie können folgende Fragen beantworten, um Ihre Evaluationsziele festzulegen:
- Welche Ziele verfolge ich mit meiner Evaluation?
- Welche/n Bereich/e des Unterrichts betreffen diese Ziele?
- Welcher Referenzrahmen enthält diese/n Bereich/e? Auf welchen/s Bereich/Kriterium sollte ich mich daher beziehen?

Wenn Sie sich für einen Referenzrahmen entschieden haben, liegt es an Ihnen, ob Sie die Fragebogen übernehmen (soweit dies möglich ist) oder ob Sie sich an diesen Materialien nur orientieren. Aus Gründen der Zeit, des Aufwandes und auch Ihrer Zielsetzung ist es durchaus legitim, einen Fragebogen zu kürzen. Andererseits können Sie natürlich auch Ergänzungen vornehmen, wenn Sie ein Bereich besonders interessiert. Die Bildung von Items dürfte Ihnen nicht schwer fallen, wenn Sie sich an den Aspekten, Indikatoren und bestehenden Items des ausgewählten Rahmens orientieren.

Die höchste Anforderungsstufe stellt natürlich der eigene Entwurf eines Fragebogens dar. Allerdings dürfte Ihnen durch dieses Kapitel deutlich geworden sein, dass dies wegen der bestehenden Vielfalt von bewährten Evaluationsinstrumenten gar nicht unbedingt nötig ist: Eine gekonnte Übernahme oder Adaption bestehender Instrumente reicht aus, um eine effektive Evaluation durchzuführen.

V. Externe ergebnisbezogene Evaluation des Unterrichts[1]

Die vier Bereiche der Evaluation sind nun fast abgedeckt. Es wurden die interne und externe prozessbezogene Form der Evaluation betrachtet sowie die interne ergebnisbezogene Evaluation. In diesem Kapitel stellen wir als letzten Bereich die externe ergebnisbezogene Evaluation vor (vgl. Abbildung 25).

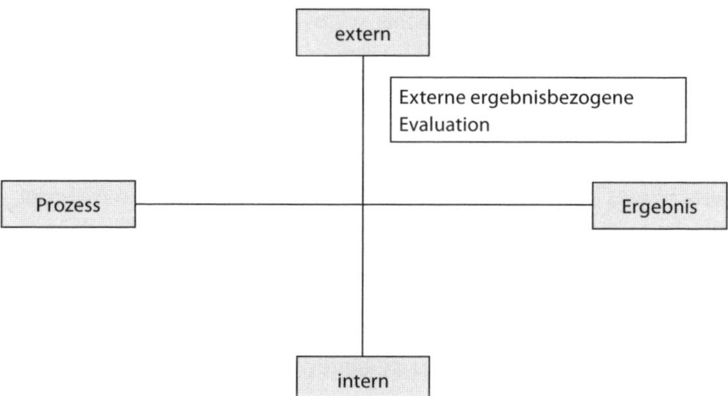

Abbildung 25: Unterschiedliche Formen der Evaluation: Externe ergebnisbezogene Evaluation

Externe ergebnisbezogene Evaluationen (z. B. die externe Bewertung des Leistungsstandes einer Klasse oder Schule) sind innerhalb der letzten 15 Jahre zu einem festen Bestandteil des nationalen und internationalen Bildungswesens geworden.

1 Dieses Kapitel entstand unter Mitarbeit von Beatrice Egner.

Studien wie die internationalen Leistungsvergleichsstudien TIMSS, PISA, IGLU oder auch die landeszentralen Vergleichsarbeiten (z.B. VERA) sind inzwischen jeder Lehrkraft ein Begriff (Drechsel & Prenzel 2008; Helmke 2003). Und spätestens wenn die ersten Informationsblätter über bald anstehende Evaluationen in der Schule eintreffen, müssen Sie sich als Lehrkraft damit auseinandersetzen.

In regelmäßigen Abständen werden den Schulen Termine für solche Evaluationen in verschiedenen Klassenstufen bekannt gegeben. Die Leistungsevaluationen werden dann durchgeführt und nach wenigen Monaten erhalten die Schulen eine Rückmeldung über den Leistungsstand ihrer Schüler – meistens in Form von Diagrammen.

Sie als Lehrkraft waren wahrscheinlich auch schon damit konfrontiert und wenn nicht, so wird dies in naher Zukunft mit hoher Wahrscheinlichkeit der Fall sein. Wissen Sie, worum es sich bei dieser Form der Evaluation genau handelt? Kennen Sie die verschiedenen Formen der externen ergebnisbezogenen Evaluation? Und vor allem: Wissen Sie, wie Sie die Auswertungen bzw. Diagramme lesen können und kennen Sie Möglichkeiten, wie Ihnen diese Evaluationen und dabei vor allem die Rückmeldungen für Ihren Unterricht nützlich sein können?

1. Was bedeutet externe ergebnisbezogene Evaluation?

Im Folgenden werden die im ersten Kapitel aufgestellten Definitionen der externen und der ergebnisbezogenen Evaluation miteinander verknüpft:

> Die *externe ergebnisbezogene Evaluation* bezeichnet eine von außen initiierte Form der Evaluation, bei der der Inhalt und die Durchführung (Methoden, Instrumente und Verfahren) vorgegeben sind und deren Ziel es ist, eine zusammenfassende Aussage über den Effekt einer

Maßnahme – im Schulkontext vor allem des Unterrichts – zu treffen, aber auch allgemein Ergebnisse zu bewerten (Gollwitzer & Jäger, 2007; Stockmann 2006).

2. Merkmale und Formen der externen ergebnisbezogenen Evaluation von Unterricht

Die Merkmale externer ergebnisbezogener Evaluationen fallen sehr unterschiedlich aus. Sie richten sich speziell nach der Konzeption der einzelnen Evaluation. Aus diesem Grund ist es sinnvoll, die Merkmale anhand der konkreten Beispiele zu benennen. Sie werden in dem Abschnitt „Evaluationsbeispiele und Instrumente" vorgestellt.

Die externe ergebnisbezogene Evaluation ist stets in der Diskussion (Weinert 2001). Lehrkräfte fragen sich, wie außenstehende Institutionen in der Lage sein sollen, Aussagen über ihren Unterricht zu treffen. Dabei ist genau diese Ansicht falsch. Es sollen keine Aussagen über den Unterricht, sondern über den Leistungsstand der Schüler und ihre entwickelten Kompetenzen getroffen werden. Schulen fühlen sich allerdings oft beobachtet und befürchten, eventuell negativ ausfallende Ergebnisse würden gegen sie verwendet werden.

Um diese Aspekte aus dem Weg räumen zu können, sollten Sie über die Formen der externen ergebnisbezogenen Evaluation informiert sein. Denn nur Kenntnisse über die Verfahren ermöglichen es Ihnen, qualifiziert mitzureden und konstruktive Kritik zu üben, d.h. ihre negativen, aber auch positiven Einstellungen zu solchen Verfahren zu äußern.

Zu den externen ergebnisbezogenen Fremdevaluationen gehören vor allem *internationale/nationale Leistungsvergleichsstudien* (Schulleistungsstudien), *Lernstandserhebungen* (Vergleichsarbeiten) und *zentrale Abschlussprüfungen.* Auf diese Formen externer Fremdevaluationen wird im Folgenden näher eingegangen.

Zu den internationalen Leistungsvergleichsstudien zählen zum Beispiel die TIMS- und die PISA-Studie (Drechsel & Prenzel 2008). Deutschland nimmt an diesen Studien teil, um „die Leistungsfähigkeit des deutschen Bildungssystems im internationalen Vergleich feststellen zu können" (Maag Merki 2009, S. 159). Aber auch ein Vergleich der Bundesländer ist zum Teil möglich.

Bei den Lernstandserhebungen handelt es sich um regelmäßige nationale Erhebungen, die in verschiedenen Jahrgangsstufen und Fächern geschrieben werden. Landesweit einheitliche Aufgaben sollen Aufschluss über den Lernstand der Schüler geben und die in den Bildungsstandards formulierten abschlussbezogenen Kompetenzen überprüfen. Oft stellt jedes Bundesland seine eigenen Vergleichsarbeiten auf, die dann in allen Schulen geschrieben werden. Aber es gibt auch Vergleichsarbeiten, die sich über mehrere Bundesländer erstrecken, so z. B. VERA (Vergleichsarbeiten in der Grundschule und in der Sekundarstufe I).

Zentrale Abschlussprüfungen sind vermutlich die geläufigste Form der externen ergebnisbezogenen Evaluation. In allen Bundesländern werden, um bestimmte fachliche Standards bei den Schulabschlüssen zu gewährleisten, zentrale, d. h. für das gesamte Bundesland gleiche, Abschlussprüfungen geschrieben (Hauptschulabschluss, Mittlerer Schulabschluss, Fachabitur, Abitur). Ziele sind dabei, Informationen über das Ausmaß der Zielerreichung bei den Schülern im eigenen Bundesland zu erhalten, vergleichbare Abschlüsse zwischen den Schulen zu gewährleisten und bessere Leistungen bei der Schülerschaft zu erzielen (als Form der extrinsischen Motivation; siehe Maag Merki 2009).

Folgende Fragen sollen Sie dabei unterstützen, das bisher Gelesene zu reflektieren:

Übung 16:

- Wie sind Ihre Erfahrungen mit externen ergebnisorientierten Evaluationen?
- Haben Sie Erfahrungen mit Evaluationsformen?

3. Beispiele und Instrumente der externen ergebnisbezogenen Evaluation von Unterricht

3.1 Nationale und internationale Schulleistungsstudien

TIMSS

Die internationale Schulleistungsforschung gibt es bereits seit vielen Jahren. Doch erst seit der sogenannten TIMS-Studie hat sich die Bundesrepublik Deutschland zum ersten Mal an internationalen Studien beteiligt.

TIMS-Studie = **T**hird **I**nternational **M**athematics and **S**cience Study (Dritte internationale Mathematik- und Naturwissenschaftsstudie).

TIMSS wurde von der „International Association for the Evaluation of Educational Achievement" (IEA) durchgeführt und steht in fast vierzigjähriger Tradition. Gegenstand der TIMS-Studie, an der über 40 Nationen teilnahmen, sind die mathematischen und naturwissenschaftlichen Leistungen von Schülern der Primarstufe sowie der Sekundarstufe I und II. Die Untersuchungen in der Bundesrepublik Deutschland beschränkten sich allerdings auf die Sekundarstufe I und II.

Mit der Teilnahme Deutschlands an dieser Studie wurde erstmals „eine systematische und regelmäßige Beobachtung bzw. Überprüfung von Erträgen institutionalisierter Bildungsprozesse" (Weinert 2001, S. 270) in Deutschland eingeführt.

Das deutsche Ziel der TIMS-Studie auf internationaler Ebene ist vor allem die Untersuchung von relativen Stärken und Schwächen deutscher Schulabsolventen in den Bereichen der Grundbildung und der voruniversitären Fachleistungen (http://www.timss.mpg.de/).

Die Ziele der TIMS-Studie auf nationaler Ebene lassen sich wie folgt beschreiben (siehe http://www.timss.mpg.de/):

- die institutionelle Sicherung verständnisorientierter Lernprozesse und vergleichbarer Leistungsstandards,

- die Interpretation der Leistungen deutscher Schüler am Ende der Sekundarstufe II in Relation zu Erwartungen von Abnehmern gymnasialer und beruflicher Bildung,
- die Untersuchung der Struktur und der Niveaus mathematischer und naturwissenschaftlicher Kompetenzen, die in der gymnasialen Oberstufe und in beruflichen Bildungsgängen erworben werden,
- die Untersuchung der institutionellen Einbettung des Motivations- und Lerngeschehens im Mathematik- und Physikunterricht der gymnasialen Oberstufe. Hierunter lassen sich die folgenden Aspekte zusammenfassen: Kurswahlverhalten und Kurswahlmotive; der Zusammenhang von Motivation, Lernstrategien und Fachverständnis als zentraler Aspekt selbstgesteuerten Lernens; der Zusammenhang von Kurswahlen und Fachleistungen einerseits sowie Berufsperspektiven und Studienfachwahlen andererseits,
- die Untersuchung des Mathematik- und Physikunterrichts aus Schülersicht. Diese Komponente der TIMSS-Untersuchung schärft den Blick für den Zusammenhang zwischen Unterrichtsgestaltung und Fachkompetenz (d.h. Fachwissen und Überzeugungen). Des Weiteren werden Unterrichtsstrategien in ihrer Bedeutung für Leistung und Fachverständnis untersucht,
- die Analyse und Beschreibung der geschlechtsspezifischen Nutzung des Angebots der gymnasialen Oberstufe. Hier interessieren insbesondere die geschlechtsspezifische Verteilung von Kurswahlen und relative Leistungsstärken und -schwächen von Schülern.

Mit der Formulierung dieser Ziele erreichte TIMSS eine Verlagerung des Interesses, das zuvor vor allem in der Schulorganisation lag, hin zum Unterricht selbst. Bislang ging man davon aus, „dass in vergleichenden Klassen ähnliche Leistungsfortschritte erzielt werden; und dass deutsche Schüler im internationalen Vergleich relativ gut abschneiden würden“ (Weinert 2001, S. 19). Die Ergebnisse der deutschen Schüler lagen entgegen den Erwartungen jedoch im unteren Bereich des internationalen Vergleichs.

Durch TIMSS – und dies war nicht vorrangiges Ziel der Studie – wurde die Bildungsdiskussion in Deutschland neu aufgegriffen. Daraus zog die Kultusministerkonferenz den Schluss, an weiteren externen ergebnisbezogenen Studien teilzunehmen, um den Leistungsstand der deutschen Schüler genauer erfassen und daraus Konsequenzen ziehen zu können. Weiterführende Links zu diesem Thema finden Sie im Literaturverzeichnis.

PISA

Die darauf folgende PISA-Studie nutzte Erkenntnisse der TIMS-Studie für die Durchführung ihrer Evaluation (Drechsel & Prenzel 2008).

> **PISA**-Studie = **P**rogramme for **I**nternational **S**tudent **A**ssessment. Die PISA-Studie ist Teil des Indikatorenprogramms der OECD, das die Evaluation von Bildungssystemen vorsieht. Wichtig ist dabei, dass der Fokus von PISA auf der Systemebene und nicht auf dem Individuum liegt.

Ziel dieses Programms ist es festzustellen, wie gut Jugendliche im Alter von 15 Jahren auf die Herausforderungen der modernen Gesellschaft vorbereitet sind (Drechsel & Prenzel 2008). Um dies im Verlauf messen zu können, findet PISA in einem Dreijahres-Rhythmus statt. Die Evaluationen fanden bislang 2000, 2003, 2006 sowie 2009 statt und werden sowohl international als auch national durchgeführt.

Die PISA-Studie hat den Begriff der Kompetenzen geprägt, der inzwischen Eingang in unser Bildungssystem gefunden hat. Untersuchungsgegenstand von PISA sind drei Bereiche: Die Lesekompetenz sowie die mathematische und naturwissenschaftliche Grundbildung.

Lesekompetenz

Lesekompetenz wird definiert als die „Fähigkeit, geschriebene Texte zu verstehen, zu nutzen und über sie zu reflektieren, um eigene Ziele zu erreichen, das eigene Wissen und Potential weiterzuentwickeln und am gesellschaftlichen Leben teilzunehmen“ (Drechsel & Prenzel 2008 S. 17).

Dabei werden zwei Textbereiche unterschieden: Kontinuierliche Texte und nichtkontinuierliche Texte. Zu ersteren gehören z. B. Erzählungen und Beschreibungen – genauer alle Texte in Prosa-Form, aber auch lyrische Texte wie Gedichte. Nicht kontinuierliche Texte sind dagegen Diagramme, Formulare oder auch Listen (Drechsel & Prenzel 2008).

Prinzipiell gliedern sich die Kompetenzbereiche immer in drei Teile: reines Ermitteln von Informationen, Interpretieren dieser Informationen sowie Reflektieren und Bewerten dieser Informationen. Grundlegende Lesefertigkeiten werden allerdings nicht getestet. Vielmehr hat der Lesebegriff der PISA-Studie eine funktionale Dimension: Lesen soll dem Leben dienen (Drechsel & Prenzel 2008).

Naturwissenschaftliche Kompetenz

Naturwissenschaftliche Kompetenz wird definiert als die „Fähigkeit, die charakteristischen Eigenschaften sowie die Bedeutung der Naturwissenschaften in unserer heutigen Welt zu verstehen, naturwissenschaftliches Wissen anzuwenden, um Fragestellungen zu erkennen, naturwissenschaftliche Phänomene zu beschreiben und aus Belegen Schlussfolgerungen zu ziehen, sowie die Bereitschaft, sich reflektierend mit naturwissenschaftlichen Ideen und Themen auseinanderzusetzen“ (Drechsel & Prenzel 2008, S. 17).

Wie auch bei der Lesekompetenz werden hier verschiedene Bereiche unterschieden: Physikalische Systeme, lebende Systeme, Erd- und Weltraumsysteme sowie technologische Systeme.

In diesem Bereich gibt es ebenfalls einen Dreischritt in der Kompetenzentwicklung. Dabei wird unterschieden zwischen reinem Erkennen naturwissenschaftlicher Fragestellungen und Vorhersagen sowie dem Nutzen naturwissenschaftlicher Evidenz (Drechsel & Prenzel 2008). Die Aufgaben gehören jeweils einem der fünf folgenden Bereiche an: Gesundheit, natürliche Ressourcen, Umwelt, Risiken/Gefahren, Grenzen von Naturwissenschaft und Technik.

Mathematische Kompetenz

Mathematische Kompetenz wird definiert als die „Fähigkeit, die Rolle zu erkennen und zu verstehen, die Mathematik in der Welt spielt, fundierte mathematische Urteile abzugeben und sich auf eine Weise mit der Mathematik zu befassen, die den Anforderungen des gegenwärtigen und künftigen Lebens als konstruktivem, engagierten und reflektierendem Bürger entspricht" (Drechsel & Prenzel 2008, S. 17).

PISA legt vier zentrale Inhalte fest: Quantität, Raum und Form, Veränderung und Beziehungen sowie Unsicherheit. Die Kompetenzcluster definieren die Fertigkeiten in drei Niveaubereichen. Das erste Niveau ist reine Reproduktion, das zweite zielt darauf, Verbindungen herstellen zu können, das dritte auf Reflexion. Auch im mathematischen Bereich werden die Aufgaben bestimmten alltagsnahen Situationen entnommen. Diese sind hier persönliche, ausbildungs- und berufsbezogene, gesellschaftsbezogene und wissenschaftliche Situationen (Drechsel & Prenzel 2008).

Die Aufgabentypen von PISA sind entweder Multiple-Choice-Aufgaben oder offene Fragen, für die eigene Antworten ausgearbeitet werden müssen (siehe Abbildung 26).

Bei der Auswertung werden dem Schüler je nach Anzahl der richtigen Lösungen Kompetenzwerte zugeteilt. Zusätzlich zu den fachlichen Aufgaben erhalten die Schüler Fragebögen, in denen sie „Auskunft über sich selbst, ihre Eltern und ihr familiäres

KARIES

Bakterien, die in unserem Mund leben, verursachen Karies (Zahnfäule). Karies ist seit dem 18. Jahrhundert ein Problem, als Zucker durch die wachsende Zuckerrohrindustrie verfügbar wurde.

Heute wissen wir viel über Karies, zum Beispiel:

- Bakterien, die Karies verursachen, ernähren sich von Zucker.
- Zucker wird zu Säure umgewandelt.
- Säure beschädigt die Oberfläche der Zähne.
- Zähneputzen hilft, Karies zu vermeiden.

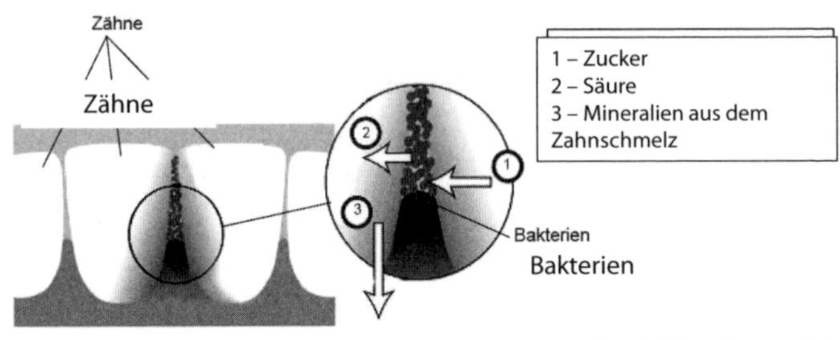

Frage 1: KARIES

Welche Rolle spielen Bakterien bei Karies?

A Bakterien produzieren Zahnschmelz.

B Bakterien produzieren Zucker.

C Bakterien produzieren Mineralien

D Bakterien produzieren Säure.

Frage 6: KARIES

Zahnärztinnen und Zahnärzte haben beobachtet, dass Karies häufiger auf den Kauflächen der Zähne auftritt als auf den Vorder- und Rückseiten.

Warum tritt Karies häufiger auf den Kauflächen der Zähne auf?

____

____

Abbildung 26: Aufgabe 1: Multiple Choice; Aufgabe 6: Offene Aufgabenstellung (http://pisa.ipn.uni-kiel.de/PISA06_Science_ Beispielaufgaben. pdf)

Umfeld […], ihre bisherige Schullaufbahn und den Abschluss, den sie anstreben“ (Drechsel & Prenzel 2008, S. 19), geben sollen. Daneben gibt es auch einen Schulfragebogen, der vom Schulleiter ausgefüllt wird und in dem Fragen zur Schulstruktur, dem Personal, verfügbaren Ressourcen, Auswahlverfahren, mit dem die Schüler ausgewählt werden, Aktivitäten im Bereich Naturwissenschaften und Berufsvorbereitung gestellt werden.

Mithilfe der PISA-Studie verspricht man sich Aufschlüsse in folgenden Bereichen:

a) Kenntnisse und Fähigkeiten der Schüler gegen Ende der Pflichtschulzeit
b) Indikatoren, die eine Verbindung zwischen Ergebnis des Tests und Schülerfragebogen herstellen
c) Trendindikatoren[2]

Die Ergebnisse der bisher durchgeführten PISA-Studien fielen für Deutschland sehr unterschiedlich aus. Im ersten Durchgang mit dem Schwerpunkt auf der mathematischen Kompetenz schnitten die deutschen Schulen sehr schlecht ab und lagen in allen drei Kompetenzbereichen unter dem OECD-Durchschnitt. Bis zur Erhebung von 2006 haben sich die deutschen Schulen allerdings verbessert. Im mathematischen Kompetenzbereich und in der Lesekompetenz liegt Deutschland bei dieser Erhebung im OECD-Durchschnitt. Die naturwissenschaftliche Kompetenz der deutschen Schulen liegt im Jahr 2006 sogar erstmals über dem OECD-Durchschnitt.

Auf den ersten Blick erscheint dieses Ergebnis durchaus positiv. Da in Deutschland Bildung Ländersache ist, kann es hilfreich sein, die Ergebnisse der einzelnen Bundesländer miteinander zu vergleichen und davon ausgehend mögliche Ursachen der jeweiligen guten oder weniger guten Ergebnisse herauszufiltern und die Schulentwicklung darauf auszurich-

2 Trendindikatoren zeigen, wie sich die Ergebnisse im Laufe der Zeit verändern.

ten. Die Ergebnisse verdeutlichen, dass die Leistungen innerhalb der einzelnen Bundesländer stark schwanken. Besonders dieser Aspekt hat innerhalb der deutschen Bildungspolitik und -verwaltung für Diskussionen gesorgt. Ein Grund für dieses Ergebnis ist sicherlich, dass in Deutschland entsprechend der föderativen Struktur Bildung Ländersache ist und darum auch in den einzelnen Bundesländern recht unterschiedliche Vorgaben zur Bildung gemacht werden bzw. wurden.

Neben TIMSS hat die PISA-Studie zu neuer Aufmerksamkeit im Bildungswesen geführt. Häufig werden die eigentlichen Inhalte der Studie jedoch entweder verkürzt oder verzerrt dargestellt. Darum werden im Folgenden die wichtigsten Aspekte der Studie im Überblick dargestellt (Drechsel & Prenzel 2008):

- Durch PISA liegen inzwischen umfangreiche systematische Daten vor, die zuvor für die empirische Forschung und für die Bildungspolitik nicht vorhanden waren.
- PISA beinhaltet aber nicht alle Bedingungsfelder und Einflussfaktoren, sondern nur jene, die im Rahmen einer so großen Evaluation erhoben werden können.
- Nach dem Stichprobensystem werden nie ganze Klassen getestet. In der Schulforschung ist die Bedeutung der Klassenzusammensetzung für den Unterricht aber bereits erforscht. Darum lässt PISA keine Aussagen über das Unterrichtsgeschehen zu.
- Die PISA-Aufgaben erfassen zum Teil auch Einstellungen der Schüler sowie motivationale und emotionale Aspekte. Dabei wird allerdings nicht der unterschiedliche kulturelle Hintergrund der Schülerinnen und Schüler je nach Heimatland berücksichtigt.

IGLU

Eine weitere Studie, die die Lesekompetenz der Schüler erfasst, ist IGLU (Drechsel & Prenzel 2008).

> **IGLU** = **I**nternationale **G**rundschul-**L**ese-**U**ntersuchung
> Mit IGLU (deutscher Name) beteiligt sich Deutschland an der internationalen Schulleistungsstudie PIRLS *(*Progress in International Reading Literacy Study) (vgl. http://iglu2006.ifs-dortmund.de/projekt.html).
>
> PIRLS ist eine internationale Grundschulstudie, deren Grundkonzeption sich – ähnlich wie PISA – auf die Beherrschung grundlegender Kompetenzen für die kulturelle Teilhabe bezieht (Drechsel & Prenzel 2008).

Ähnlich wie in der PISA-Studie liegt auch hier eine Grundkonzeption zugrunde, die sich an Kompetenzen orientiert. Im Unterschied zu PISA werden bei IGLU Schüler des vierten Schuljahres erfasst. IGLU/PIRLS betont die Bedeutung von Lesekompetenz am Ende des vierten Grundschuljahres und beinhaltet in ihrer Konzeption ausschließlich die Erfassung der Lesekompetenz.

Mit IGLU/E wurde die Studie jedoch um Tests in Mathematik, Naturwissenschaften, Rechtschreiben und Aufsatzschreiben erweitert. Damit werden die Grundkompetenzen, die ein Schüler zum Ende des vierten Grundschuljahres aufweisen sollte, evaluiert (Drechsel & Prenzel 2008). IGLU ist die erste in Deutschland eingeführte Studie im Primarbereich.

Ein wesentliches Ergebnis ist, dass die deutschen Schüler ihre Kompetenzen über die Jahre von 2001 bis 2006 erweitert haben. So wurden z. B. 2006 weniger Schüler den Kompetenzstufen I und II zugeteilt – welche deutliche und grundlegende Schwächen in der Lesekompetenz aufzeigen. Der Anteil der Schüler in den Kompetenzbereichen IV und V ist größer geworden (Drechsel & Prenzel 2008).

Da diese Testungen in einer Phase vermehrter bildungspolitischer Umsteuerungen fallen, lässt sich eine wesentliche Errungenschaft solcher Studien ablesen: Sie haben die Bildungspolitik aufgerüttelt und scheinen ein Umdenken anzuregen. (Weiterführende Links finden Sie im Literaturverzeichnis.)

3.2 Landesweite oder zentrale Vergleichsarbeiten

VERA

VERA steht als Abkürzung für Vergleichsarbeiten. Es handelt sich dabei konkret um von der Universität in Koblenz-Landau (unter Auftrag des Ministeriums für Bildung, Frauen und Jugend in Rheinland-Pfalz) durchgeführte Vergleichsarbeiten, die in den Grundschulklassen der 4. Jahrgangsstufe in den Fächern Mathematik und Deutsch geschrieben werden sowie in der 8. Jahrgangsstufe in den Fächern Mathematik, Deutsch und Englisch bzw. Französisch (vgl. http://www.iqb.hu-berlin.de/vera2).

An VERA nehmen inzwischen nahezu alle deutschen Bundesländer teil. Die Aufgaben der Arbeiten werden in der Regel zu 50 % vom Ministerium und zu 50 % von den Fachkonferenzen der Schulen entworfen. Die endgültige Auswahl richtet sich danach, dass alle unterschiedlichen Lehrplanbereiche und Kompetenzklassen in allen Schulen gleichermaßen repräsentiert sind (Helmke 2003). Vergleichsarbeiten beziehen sich inhaltlich stets auf die Unterrichtsinhalte des gesamten Schuljahres.

Natürlichen ähneln die Vergleichsarbeiten standardisierten Schulleistungstests – vor allem, da sie auch von Fachgremien entwickelt werden. Gleichzeitig unterscheiden sie sich von ihnen, da die Anforderungen an die Testgütekriterien hier geringer sind.

Die häufige Angst der Schulen – besonders bezüglich der Vergleichsarbeiten – ist die, dass eine Art Schul-Ranking aufgestellt werden könnte. Diese Befürchtung ist jedoch unbegründet. Natürlich lassen sich die Schulergebnisse vergleichen, doch diese Ergebnisse treffen keine Aussagen über die Qualität einer Schule. Andere Faktoren wie beispielsweise das soziale Umfeld und die Lerngeschichte der Schüler beeinflussen die Leistungen in den Vergleichsarbeiten, sodass ein eindeutiger Rückschluss auf die Schulen und somit ein aussagekräftiges Ranking der Schulen nicht zulässig ist. Wichtig ist jedoch, dass das Ziel von VERA nicht die Erfassung von Leistungen einer Region (z. B. eines Bundeslandes ist) und auch nicht weitere schulische Bereiche (wie z. B. die Schulorganisation) durch weitere Fragebögen evaluiert werden. VERA richtet sich an die einzelne Klasse, zeigt ihre Stärken und Schwächen auf und erfasst somit Vergleiche innerhalb der Schulgemeinschaften.

Die Ergebnisse ermöglichen den Schulen eine pädagogische und fachdidaktische Diskussion, in der sie Stärken der einen Klasse herausfiltern können oder mit diesen Ergebnissen eventuelle Schwächen reduzieren können (Helmke 2003).

Vorrangiges Ziel solcher Arbeiten ist immer „die Beförderung des Unterrichts und des Lernens durch regelmäßige Überprüfung der Lernfortschritte (Veränderungsmessung) [...]“ (Weinert 2001, S. 30).

3.3 Zentrale Abschlussprüfungen

Zentrale Abschlussprüfungen sind alle jährlich stattfindenden Prüfungen der jeweiligen Schulabschlüsse, d. h. der Hauptschulabschluss, der mittlere Schulabschluss, das Fachabitur und das Zentralabitur (allgemeine Hochschulreife). Diese Prüfungen werden von den einzelnen Bundesländern entwickelt und finden in der Regel nicht länderübergreifend statt. Dennoch werden die Abschlussprüfungen – besonders die des Zentralabiturs – von den einzelnen Ländern anerkannt. Nur so ist z. B. eine universitäre Ausbildung nach dem Abitur innerhalb Deutschlands gewährleistet.

Bundesland	Zentralabitur	Kommentar
Baden-Württemberg	x	
Bayern	x	
Berlin	x	Seit 2001 Zentralabitur in Deutsch, Mathematik und Fremdsprachen.
Brandenburg	x	Seit 2005 Zentralabitur in zehn Fächern (Biologie, Chemie, Deutsch, Englisch, Französisch, Geografie, Geschichte, Mathematik, Physik, Politische Bildung).
Bremen	x	Seit 2007 Zentralabitur.
Hamburg	x	Seit 2005 Zentralabitur in zehn Fächern (Deutsch, Mathematik, Englisch, Französisch, Spanisch, Latein, Gemeinschaftskunde, Biologie, Wirtschaft, Technik).
Hessen	x	Seit 2007 Zentralabitur.
Mecklenburg-Vorpommern	x	
Niedersachsen	x	Seit 2006 Zentralabitur.
Nordrhein-Westfahlen	x	Seit 2007 Zentralabitur.
Rheinland-Pfalz		
Saarland	x	
Sachsen	x	
Sachsen-Anhalt	x	
Schleswig-Holstein	x	Seit 2008 Zentralabitur.
Thüringen	x	

Abbildung 27: Überblick über das Zentralabitur in Deutschland

In Brandenburg und in Hamburg werden zehn Fächer geprüft. In Berlin ist festgelegt, dass das Abitur in Deutsch, Mathematik und einer Fremdsprache abgelegt wird. Einige Bundesländer werden hier nicht kommentiert. Dies liegt daran, dass meist eine sehr komplizierte Vorgehensweise existiert, welche Fächerkombination für das Abitur gewählt werden kann. Abgesehen von den Fächern ist abzulesen, dass einige Bundesländer erst innerhalb der letzten fünf Jahre das Zentralabitur eingeführt haben.

Überlegen Sie in Bezug auf die vorgestellten Studien Folgendes:

Übung 17:

- Mit welchen der vorgestellten Studien haben Sie bereits Erfahrungen gemacht?
- Zu welchen der vorgestellten Studien benötigen Sie noch Informationen?
- Was bedeuteten die Ergebnisse für Ihren eigenen Unterricht bisher?

4. Wie können die Daten ausgewertet und interpretiert werden?

Damit Sie als Lehrkraft, die immer wieder mit solchen Evaluationen konfrontiert ist, mit den Ergebnissen solcher Studien umgehen können, ist eine Kenntnis, nicht nur der bereits angesprochenen Ziele solcher Studien, sondern vor allem ihrer Auswertungs- und Interpretationsmöglichkeiten unerlässlich.

Wenn Schulen – egal aus welcher externen ergebnisorientierten Studie – Rückmeldungen erhalten, werden Sie in der Regel dem Schulleiter zugesendet. Dieser nimmt Sie zur Kenntnis und gibt sie im Normalfall an sein Kollegium weiter. Sie sind dann dafür verantwortlich, die Rückmeldungen in konstruktiver Weise zu interpretieren und für Ihre Arbeit zu nutzen.

Dabei können Sie sich vorab drei Fragen stellen:

a) „Welche fachlichen Anforderungen stellen die Aufgaben bzw. die Tests und inwieweit können die Schüler diese Anforderungen erfüllen?“ (Kühle & Peek 2007, S. 430)

b) „Wie verteilen sich die Schüler bei den berücksichtigten Domänen der Fächer auf die Kompetenzniveaus, wie verteilen sich einzelne Klassen/Kurse, wie verteilt sich die gesamte Jahrgangsstufe der Schule?" (Kühle & Peek 2007, S. 430 f.)
c) „Stimmen die Ergebnisse mit den eigenen Erwartungen überein?" (Kühle & Peek 2007 S. 431)

Mithilfe dieser Leitfragen haben Sie eine Orientierungsmöglichkeit, um den Rückmeldungen, die meistens in Form von Balkendiagrammen o.ä. an Sie geschickt werden, die wichtigsten Informationen zu entnehmen.

Eine grundlegende Schwierigkeit ist häufig, dass Lehrkräfte die Rückmeldeformate nicht ausreichend interpretieren können, weil ihnen gewisse statistische Grundkenntnisse fehlen. Darum sollten einerseits die Rückmeldeformate einfach gestaltet sein und andererseits seitens der Nutzer auch gewisse Grundkenntnisse erworben werden (Kühle, & Peek 2007).

Eine mögliche Form der Rückmeldung wäre z. B.:

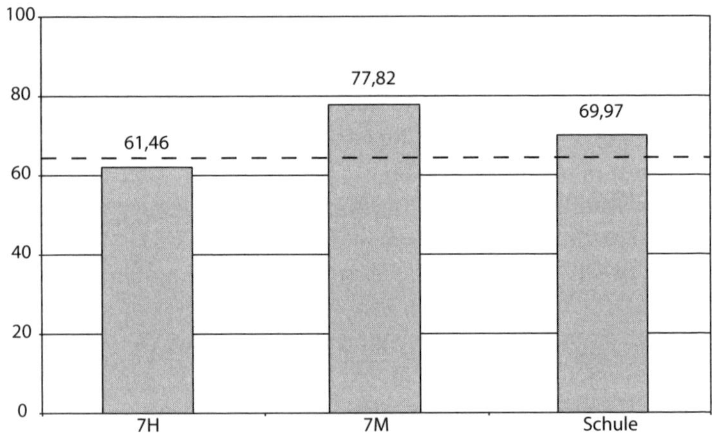

Abbildung 28: Fiktives Balkendiagramm über die Leistungen der Klassen einer Schule im Fach Deutsch

Hier werden sowohl die Klassenergebnisse als auch das Schulergebnis aufgezeigt. Die gestrichelte Linie bezeichnet den Landeswert, d.h. welches prozentuale Ergebnis das Bundesland insgesamt in dieser Evaluation erzielt hat. Dadurch kann einerseits die einzelne Klasse, andererseits aber auch die Leistung der Schule mit dem Landeswert verglichen werden. Das Ergebnis der Klasse 7H liegt hier unter dem Landeswert, das der Klasse 7M allerdings deutlich über dem Landeswert.

In den letzten Jahren bemühen sich die einzelnen Institute darum, die Rückmeldeformate so einfach wie möglich zu gestalten. Gewisse statistische Begriffe lassen sich jedoch nicht vermeiden (Kühle & Peek 2007).

Detaillierte Hinweise und Erklärungen von Begriffen finden Sie im Kapitel „Schulrelevante statistische Kennwerte und methodische Prüfverfahren“.

Übung 18:

- Haben Sie bereits ähnlich aussehende Rückmeldungen (wie in Abb. 28) kennengelernt? Wie interpretieren Sie die Ergebnisdarstellung?
- Welche Begriffe können Sie bereits erklären? Zu welchen Begriffen sollten Sie sich weitere Informationen besorgen?

5. Wie können die Ergebnisse und Instrumente für die Entwicklung des eigenen Unterrichts genutzt werden?

Externe ergebnisbezogene Evaluationen geben keinen Aufschluss über die Qualität einer Schule insgesamt oder ihrer Lehrkräfte. Vielmehr liefern sie eine Bestandsaufnahme über den Leistungsstand einer Klasse, bezogen auf eine bestimmte Kompetenz, die Anreize für Schul- und Unterrichtsentwicklung geben und dadurch Veränderungsprozesse einleiten können.

Dank solcher Evaluationen wie TIMSS und PISA ist die Schulentwicklungsdiskussion in Deutschland vorangetrieben worden. Mit der Einführung zentraler Vergleichsarbeiten auf Länderebene ist die Bedeutung der internationalen Arbeiten allerdings etwas mehr in den Hintergrund gerückt. Dies liegt vor allem daran, dass Vergleichsarbeiten alle Schüler erfassen und nicht nur stichprobenartige Tests vornehmen. Dadurch sind die Rückmeldungen auch um einiges detaillierter als die der Schulleistungstests.

Die Schwierigkeit der Nutzung solcher Rückmeldungen liegt besonders im Phänomen des „Juxtapositionsverhältnisses" (Rolff 2008, S. 153): Datenrückmeldung und Nutzung stehen zunächst nebeneinander und greifen nicht ineinander. Um Schulentwicklung voranzutreiben, gilt es, dieses Ineinander herzustellen.

Trotz aller Bemühungen, Evaluationsergebnisse in der Schule zu nutzen, muss berücksichtigt werden, dass die Übertragung von wissenschaftlichem Wissen über Unterricht auf praktisches Wissen über Unterricht immer noch nicht gut gelingt. Wissenschaftliches Wissen über Schülerleistungen ist vorhanden, aber an praktischem Wissen oder Handlungswissen über Verbesserung der Schülerleistungen mangelt es der Wissenschaft (Rolff, 2008).

Genau dieses Wissen bringen Sie als Lehrkraft mit. Und aus diesem Grund ist die Schul- und Unterrichtsentwicklung auf Sie als Akteur, der Ergebnisse solcher Tests sowohl auswerten und interpretieren, aber auch Handlungskonsequenzen ziehen kann, angewiesen.

Doch wie können Ihnen diese Rückmeldungen tatsächlich von Nutzen sein?

5.1 Trendindikatoren

Externe ergebnisorientierte Evaluationen werden in regelmäßigen Abständen wiederholt. Dadurch lassen sich – besonders bezüglich der Vergleichsarbeiten – Entwicklungen, sogenannte Trends, ausmachen.

Schulen können ihre internen Entwicklungen mit Ergebnissen der Arbeiten vergleichen und Diagnosen aufstellen. Dabei sind verschiedene Fragen möglich wie z. B.: „Haben unterrichtszentrierte Schulprogramme, Maßnahmen der Sprachförderung oder Unterrichtsentwicklungsprogramme „gegriffen“ [...]?“ (Helmke, 2003 S. 223). Dies ist nur ein Beispiel für eine Trendentwicklung. Deren gibt es viele weitere, die zumeist schulspezifisch angesiedelt sind. Gegebenenfalls gilt es anschließend einen Evaluationskreislauf anzusetzen. Dieser kann Ihnen helfen, Theorien zu bestätigen oder auch unbekannte Trends zu entschlüsseln.

5.2 Aufgabenformate

Die Aufgabenformate solcher Evaluationen werden von geschultem Personal und auch von Fachkommissionen entwickelt. Diese Aufgabenstellungen können Ihnen deshalb für Ihren Unterricht von Nutzen sein. Es wurden völlig neue Aufgabenformate konstruiert, die in dieser Form noch nicht an den Schulen eingeführt worden sind.

Diese Aufgaben können einzelnen Kompetenzbereichen zugeteilt werden. Mit der Einführung der Bildungsstandards sind solche Unterscheidungskriterien fast unerlässlich geworden. „Ein Weg, um mit der Heterogenität von Lernvoraussetzungen erfolgreich umgehen zu können, besteht ja darin, [...] häufiger Lernaufgaben einzusetzen, die auf Niveaus einzelner Schüler oder von Schülergruppen zugeschnitten werden können“ (Drechsel & Prenzel 2008, S. 92).

Ein weiterer Vorteil der neuen Aufgabenformate ist, dass sie bereits an Kompetenzen orientiert sind. Mithilfe dieser Basis können sie – sollten Sie Aufgaben für Ihren Unterricht übernehmen – ohne Arbeitsaufwand kompetenzorientiert unterrichten. Sollten Sie allerdings eigene Aufgaben konstruieren wollen, helfen Ihnen diese Aufgabenstellungen und die Handreichungen zur Konstruktion der Aufgaben der einzelnen Studien, um ein Basiswissen dafür zu bekommen.

5.3 Fachdidaktische Diskussionen

Der wohl wichtigste Nutzen, den Sie als Lehrkraft aus Evaluationen ziehen können, liegt im Bereich der fachdidaktischen Diskussion. Durch die Klassenrückmeldungen, die oftmals Stärken-Defizit-Analysen beinhalten, haben Sie im Kollegium die Möglichkeit, diese zu analysieren und entsprechend zu handeln. Dabei gilt es, Ursachen für anfallende Schwächen zu identifizieren und genau an diesen Punkten anzuknüpfen. Dies gilt vor allem für konkrete Fehlertypen. „Die Reflexion über Fehlertypen und -ursachen stellt einen wichtigen Ansatz zur Verbesserung der Fehlerkultur an Schulen dar" (Helmke 2003, S. 223). Die aus den Bildungsstandards abgeleiteten Unterrichtsinhalte können dann in ihrer Erarbeitung besonders auf Schwächen der Schüler zugeschnitten werden (Gage & Berliner 1996).

Aus diesen Überlegungen ergibt sich folgendes Fazit: „Mit der wissenschaftlich soliden Möglichkeit, sehr unterschiedliche Leistungen und Kompetenzen objektiv, zuverlässig und valide zu erfassen, gibt es ein deutlich verbessertes methodisches Potenzial für die Qualitätsentwicklung der Schulen und des Unterrichts" (Weinert 2001, S. 363). Aufgabenformate und Rückmeldungen externer Studien liefern Ihnen als Lehrkraft also die Möglichkeit, Ihren eigenen Unterricht sowie die Schule weiterzuentwickeln im kompetenzorientierten, eigenverantwortlichen Sinne, denn nur Sie sind Experte für die Spezifika Ihres Unterrichts und die Schulorganisation Ihrer einzelnen Schule. Dieses Angebot der externen Evaluation dürfen und sollen Sie kritisch reflektieren, um zu entscheiden, ob und was Sie für Ihren eigenen Unterricht nutzen können.

Übung 19:

Sie können sich folgende Fragen stellen:
- Haben Sie bereits Ergebnisse aus externen ergebnisorientierten Evaluationen auf meinen Unterricht angewendet?
- Wo sehen Sie Chancen, aber auch Schwierigkeiten?
- Welche hier genannten Aspekte können Sie sich vorstellen? Welche sollten in Ihrer Schule umgesetzt werden?

VI. Schulrelevante statistische Kennwerte und methodische Prüfverfahren[1]

1. Warum ist Statistik für die Optimierung des eigenen Unterrichts relevant?

Da dieses Buch seinen Schwerpunkt auf die Anwendung der vorgestellten Evaluationsmöglichkeiten legt und einen Leitfaden für die Optimierung des Unterrichts darstellen soll, besteht ein wichtiger Schritt darin, aus den gewonnenen Evaluationsergebnissen datengestützte Konsequenzen zu ziehen, die den Unterricht nachhaltig verbessern. Dazu ist es notwendig, dass die systematisch ermittelten und empirisch gewonnenen Informationen mithilfe angemessener statistischer Methoden ausgewertet und analysiert werden. Solche Methoden ermöglichen beispielsweise den Vergleich unterschiedlicher Schülergruppen hinsichtlich ihrer Leistungsmaße, z. B. ob eine Schülergruppe mit einem Training zum selbstgesteuerten Lernen in einer Klassenarbeit besser abschneidet, als eine Schülergruppe ohne Training. Weiterhin können Zusammenhänge zwischen Aspekten, die eventuell das Unterrichtsniveau beeinflussen, beschrieben werden, wie beispielsweise der Zusammenhang zwischen Tagesuhrzeit und Konzentration der Schüler.

Falls Sie bisher wenig Berührung mit Statistik bzw. der statistischen Auswertung von Fragebögen und anderen Evaluationsinstrumenten hatten, so werden Sie sich vielleicht fragen, ob es wirklich notwendig ist, sich mit diesem Thema auseinanderzusetzen, denn zunächst ist es sicherlich mühsam, sich in das Gebiet einzuarbeiten. Hinzu kommt, dass Statistik

1 Dieses Kapitel entstand unter Mitarbeit von Klara Kümmerle & Laura Dörrenbächer.

ein sehr weit gefasster Bereich ist, in dem alle möglichen unterschiedlichen Methoden zur Anwendung kommen. Trotzdem denken wir, dass es sich in jedem Fall lohnt, dieses Thema näher zu beleuchten. Zum einen können Sie so selbst eine komplette interne Evaluation durchführen und können dann genau nachvollziehen, wie die Evaluationsergebnisse zustande gekommen sind. Zum anderen sind Sie dann nicht mehr auf die Interpretation anderer angewiesen und Sie können sich selbst ein Bild über die Ergebnisse machen bzw. können getroffene datengestützte Interpretationen fachkompetent nachvollziehen.

Ein erster Schritt erfordert die Beschreibung der Daten anhand statistischer Kennwerte. Haben Sie also eine Klassenarbeit zum Vergleich zweier Schülergruppen geschrieben, müssen zuerst die Ergebnisse beider Gruppen (Noten) in einer Häufigkeitsverteilung aufgelistet und das Skalenniveau bestimmt werden. Im nächsten Schritt können (bei Intervallskalenniveau der Daten) die einzelnen Mittelwerte und Standardabweichungen berechnet werden. Diese beschreibende Analyse der Daten wird auch als deskriptive Statistik bezeichnet. In der folgenden Abbildung 29 sind die hier beschriebenen Kennwerte und Verfahren sowie ihre Relevanz für die einzelnen Kapitel dargestellt. Oftmals folgt die Analyse empirischer Daten der in der Tabelle vorgegebenen Reihenfolge. Es wird also zuerst das Skalenniveau der Daten bestimmt. Dieses legt auch die zu berechnenden Kennwerte fest. Die Ergebnisse können weiterhin grafisch dargestellt werden. Schließende Statistik kommt erst dann zur Anwendung, wenn die gewonnenen Erkenntnisse verallgemeinert werden sollen. Diese Form der Statistik (Inferenzstatistik) ist jedoch an bestimmte Voraussetzungen geknüpft.

Bevor Sie also mit der Berechnung statistischer Kennwerte beginnen, sollte das Skalenniveau der erhobenen Variablen bestimmt werden, da dieses die Voraussetzungen für einige statistische Methoden festlegt. Die deskriptive Statistik dient nach-

Statistik	Wofür relevant?	Kapitel
Skalenniveaus	– Fragebögen – Mündliche Feedbackmethoden – Leistungsmessung	II, III, IV II III, V
Statistische Kennwerte	– Fragebögen – Leistungsmessung – Mündliche Feedbackmethoden – Unterrichtsbeobachtung – (Internationale) Vergleichsarbeiten	II, III, IV III, V II II, IV V
Darstellungsformen statistischer Kennwerte	– Fragebögen – Leistungsmessung – Mündliche Feedbackmethoden – Unterrichtsbeobachtung – Internationale Vergleichsarbeiten	II, III, IV III, V II II, IV V
Schließende Statistik	– Fragebögen – Leistungsmessung	II, III, IV III, V

II = Interne prozessbezogene Evaluation, III = Interne ergebnisbezogene Evaluation, IV = Externe prozessbezogene Evaluation, V = Externe ergebnisbezogene Evaluation

Abbildung 29: Überblick über relevante statistische Kennwerte der einzelnen Kapitel

folgend der beschreibenden Datenanalyse, mit der die Daten zusammenfassend dargestellt und charakterisiert werden können (Kenngrößen). Solche Kenngrößen können durch grafische Mittel und Tabellen veranschaulicht werden, was in manchen Fällen das Verständnis erleichtert und erste Interpretationen anhand visueller Besonderheiten der Grafiken erlaubt. Wurden die vorliegenden Daten dann bezüglich aller wichtigen Gesichtspunkte dargestellt und bereits deskriptiv analysiert, können Verfahren der Interferenz- oder schließenden Statistik angewendet werden. Diese dienen dazu, aus den vorliegenden Kennwerten Schlussfolgerungen/Generalisierungen hinsichtlich ihrer Unterschiede, Zusammenhängen etc. zu ziehen und „auf allgemeine Aussagen der übergeordneten Grundgesamtheit zu schließen“ (Pospeschill 2006, S. 9). Um auf das o. g. Beispiel zurückzukommen, kann dann verglichen werden, ob zwischen den Schülergruppen ein Unterschied besteht und ob dieser von (statistisch) bedeutsamer Größe ist.

Im letzten Teil dieses Kapitels werden die Tücken und Fallen der Anwendung statistischer Methoden im Unterrichtsrahmen dargelegt. So können durch Nutzung der falschen Kennwerte oder durch die Nicht-Beachtung der Voraussetzungen für die Anwendung einiger Methoden erhebliche Mängel in der Interpretation der Werte und den resultierenden Schlussfolgerungen für die untersuchten Gruppen die Folge sein.

2. Skalenniveaus

Die Grundlage der erhobenen Daten bilden die sogenannten *Skalenniveaus.* Sie beschreiben verschiedene Ebenen, auf denen Messungen vollzogen werden können. Beim Messen werden bestimmte Ausprägungen eines Merkmals (z. B. Alter oder Geschlecht) bestimmten Zahlen zugeordnet (z. B. männlich = 1 und weiblich = 2). Die verschiedenen Skalenniveaus sollen im

Skalenniveau	Empirische Aussage	Beispiel	Statistische Kennwerte
Nominal	gleich/ungleich	Geschlecht	– Häufigkeiten – Modalwert
Ordinal	gleich/ungleich, größer/kleiner, besser/schlechter	Schulnoten	– (kumulierte) Häufigkeiten – Median
Intervall	gleich/ungleich, größer/kleiner, besser/schlechter, Differenzenbildung	Temperatur in Grad Celsius	– Mittelwert – Standardabweichung – Varianz – Quartile
Verhältnis	Interpretation von Verhältnissen	Längenmaße	– Einsetzbarkeit aller Kennwerte

Abbildung 30: Übersicht der Skalenniveaus und mögliche Berechnung statistischer Kennwerte

Folgenden vorgestellt werden. Dabei soll ersichtlich werden, dass sich jedes der Skalenniveaus durch bestimmte Eigenschaften auszeichnet, weshalb je nach Skalenniveau nur bestimmte statistische Auswertungen zulässig sind. Verschiedene Skalenniveaus stehen also für „Unterschiede in der Informationshaltigkeit numerischer Daten“ (Kuper 2005, S. 123), was aber nicht bedeutet, dass sich die Messungen in ihrer Genauigkeit unterscheiden müssen. Abbildung 30 gibt eine Übersicht über die Skalenniveaus und die mögliche Berechnung statistischer Kennwerte.

Nominalskala

Die Nominalskala ist das niedrigste Skalenniveau, d. h. es stellt die geringsten Anforderungen an die Daten.

> Die Nominalskala macht lediglich Aussagen über die Gleichheit und Ungleichheit von Objekten und ordnet sie dadurch verschiedenen Kategorien zu.

Ein typisches Beispiel für die Nominalskala ist das Geschlecht. Hierbei wird nur zwischen zwei Ausprägungen (männlich/weiblich) unterschieden. Nominalskalierte Daten machen also keine Angaben zur Größe eines Unterschieds zwischen den Kategorien, sondern verdeutlichen nur, dass es ihn gibt. In der Schule könnten auch Zugehörigkeitskategorien (Klasse A, Klasse B, Klasse C etc.) gebildet werden. Das bedeutet, dass bestimmten Schülern bestimmte Kategorien (also z. B. Klasse A, B oder C) zugeordnet werden. Dabei bedeutet die Zuordnung zu einer bestimmten Klasse keinen Qualitätsunterschied. Eine Klasse ist hier weder größer noch besser als eine andere. Die Zahlen, die den einzelnen Kategorien zugeordnet werden, sind frei wählbar. Es macht also keinen Unterschied, ob 1 = männlich oder 2 = männlich bedeutet, solange die Zuordnung während einer Evaluation strikt eingehalten wird und eindeutig ist, also immer die gleiche Zuordnung von Zahlen zu Kategorien vorgenommen wird. Weiterhin müssen die Kategorien distinkt sein, sich also gegenseitig ausschließen (eine Person kann nicht einmal in die Kategorie 1 = männlich und gleichzeitig in die Kategorie 2 = weiblich einsortiert werden). Durch diese Skaleneigenschaften kommt den Zahlen aber keine empirische Bedeutung zu, denn sie sagen nichts über den Gehalt der Kategorien aus, sondern zeigen nur an, dass verschiedene Kategorien existieren und welcher Kategorie bestimmte Objekte angehören. Die einzig mögliche Analyse dieser Skala besteht darin, die in den Kategorien enthaltenen Objekte auszuzählen.

Die Ordinalskala

Im Gegensatz zur Nominalskala macht die Ordinalskala genauere Aussagen über das Verhältnis zweier Kategorien zueinander. Sie unterscheidet nicht nur zwischen gleich und ungleich, sondern die Kategorien können in eine Rangordnung gebracht werden, d.h. es sind auch größer/kleiner-Relationen möglich.

> Die Ordinalskala liefert neben „gleich/ungleich" Relationen auch vergleichende Aussagen wie „größer/kleiner" oder „besser/schlechter".

Bei diesem Skalenniveau können zwar größer-kleiner-Relationen angegeben werden, es sind aber keine Aussagen über die Größe dieser Differenzen bekannt. Ein Beispiel hierfür wären die Platzierungen bei einem Wettbewerb. Der Erstplatzierte ist besser als der Zweit- und Drittplatzierte, aus dieser Rangfolge wird jedoch die Größe der Leistungsunterschiede nicht ersichtlich. Bei ordinal-skalierten Daten wird somit nur verdeutlicht, dass z. B. die Kategorie mit der Zahl 1 Objekte mit einer intensiveren Merkmalsausprägung beinhaltet als die Kategorie mit der Zahl 2.

In der Schule begegnen uns Ordinalskalen sehr häufig, da Schulnoten in diese Rubrik fallen. Die Bewertung einer Klassenarbeit mit „1“ lässt darauf schließen, dass sie besser war als eine Arbeit, die mit einer „2“ benotet wurde. Allerdings gewährleistet die Ordinalskala nicht, dass die Abstände zwischen den verschiedenen Notenstufen den Leistungsunterschieden entsprechen. Eine „2“ ist beispielsweise nicht doppelt so gut wie eine „4“. Dies begründet auch die Tatsache, dass es genau genommen keinen Sinn ergibt, den Klassendurchschnitt zu berechnen, da die Unterschiede zwischen den Notenstufen nicht gleich sind.

Die Intervallskala

Intervallskalierte Daten lassen sich hinsichtlich der Differenz zweier Werte miteinander vergleichen. Es kann also berechnet werden, ob die Differenz zwischen Wert 4 und 3 größer/kleiner/gleich der Differenz zwischen Wert 2 und 1 ist. Dazu müssen die Abstände zwischen zwei Werten immer das gleiche Intervall umfassen (Äquidistanz).

Besitzen Daten mindestens Intervallskalenniveau, können sinnvolle Summen/Differenzen und Mittelwerte gebildet werden.

Als Beispiel hierfür kann die Temperaturangabe in Grad Celsius dienen: Die drei Temperaturangaben 5 °C, 10 °C und 15 °C zeigen außer ihrer Unterschiedlichkeit zusätzlich an, dass 5 °C eine kältere Temperatur angibt als 10 °C und diese wiederum kälter ist als 15 °C. Daneben kann die Aussage getroffen werden, dass der Unterschied zwischen 15 °C und 10 °C genauso groß ist wie der Unterschied zwischen 10 °C und 5 °C. Es kann somit zwar die Differenz der beiden Temperaturangaben gebildet werden, allerdings erlaubt auch die Intervallskala keine Verhältnisbildungen. Da auf der Celsius-Skala kein absoluter (natürlicher) Nullpunkt als Bezugspunkt existiert, sind 10°C nicht doppelt so warm wie 5 °C.

Wenn in der (Schul-)Evaluation Fragebögen mit mehrstufigen Antwortmöglichkeiten („trifft überhaupt nicht zu", „trifft eher nicht zu", „trifft eher zu" usw.) genutzt werden, wird vom Intervallskalenniveau ausgegangen. Was Schulnoten anbelangt, kann beim 15-Punkte-System eher von Intervallskalenniveau ausgegangen werden, als beim 6-stufigen Notensystem.

Die Verhältnisskala

Die Verhältnisskala stellt das höchste Skalenniveau dar und besitzt alle Eigenschaften der Intervallskala. Zusätzlich hat sie aber auch einen absoluten Nullpunkt.

> Weil die Verhältnisskala einen absoluten Nullpunkt besitzt, können quantitative Verhältnisse angegeben werden, die durch Operationen wie Multiplikation und Division berechnet werden.

Gewichte oder Geschwindigkeit können beispielsweise mit einer Verhältnisskala dargestellt werden, so sind 10 Kilogramm doppelt so schwer wie 5 Kilogramm. Ansonsten kommt der Unterscheidung zwischen Intervallskala und Verhältnisskala bei den meisten Auswertungsverfahren im Rahmen von Schul- und Unterrichtsevaluationen weniger Bedeutung zu, da für die Berechnung üblicher statistischer Kennwerte das Intervallskalenniveau ausreicht.

Das zu wählende Skalenniveau ergibt sich meist aus den mathematischen Eigenschaften der vorliegenden Daten. Es sollte das höchstmögliche Skalenniveau gewählt werden, um spätere statistische Tests in ihrer Anwendbarkeit nicht zu beschränken. Darauf sollten Sie achten, wenn Sie selbst Instrumente (z.B.

Fragebögen) entwickeln, aber auch wenn Sie eigenständig Auswertungen vornehmen oder interpretieren. Gerade bei der Interpretation von Schulnoten und der Berechnung des Notendurchschnitts einer Klasse gilt es, vorsichtig zu sein, da Noten nur Ordinalskalenniveau aufweisen. Dieses erlaubt die Berechnung des Mittelwerts nicht, was jedoch häufig im Schulalltag vorkommt. Daher sollte auf die Berechnung des Notendurchschnitts verzichtet und auf andere Kennwerte, die bei Ordinalskalenniveau angewendet werden können (s. u.), zurückgegriffen werden.

3. Statistische Kennwerte

Wie zuvor beschrieben, beeinflusst die Art des Skalenniveaus die Auswertungsmöglichkeiten der Evaluationsdaten. Im Folgenden werden die wichtigsten statistischen Kennwerte der beschreibenden Statistik erläutert (also der Bereich der deskriptiven Statistik). Die ersten vier Abschnitte behandeln die Maße der zentralen Tendenz einer Verteilung, wohingegen die darauf folgenden Abschnitte die Variabilitätsmaße (Dispersionsmaße) näher beschreiben. Bevor wir uns den statistischen Kennwerten zuwenden, soll kurz beschrieben werden, wie Sie Häufigkeitsverteilungen erhalten können. Dies ist insofern von Bedeutung, als im Zusammenhang mit der Auswertung von Evaluationsdaten die Auszählung von Häufigkeiten den ersten Schritt darstellt. Es soll also die Frage beantwortet werden, wie häufig ein bestimmtes Merkmal (z. B. eine Note) auftritt.

Um Häufigkeitsverteilungen herzustellen, werden meist Tabellen genutzt. Dabei werden in einer Spalte die gewählten Kategorien (z. B. die Evaluationskriterien) abgetragen, in der anderen die vorkommenden Häufigkeiten. Dabei ist zu beachten, dass die gewählten Kategorien distinkt (sich also gegenseitig ausschließen) und erschöpfend sind (also alle möglichen Fälle einschließen). Abbildung 31 veranschaulicht die Ermittlung von Häufigkeiten am Beispiel eines Klassenspiegels.

Kategorie (Note)	Häufigkeit
1	1
2	5
3	8
4	4
5	2
6	0

Abbildung 31: Beispiel für die Ermittlung von Häufigkeiten am Beispiel eines Klassenspiegels

Oftmals werden auch *kumulierte Häufigkeiten* angegeben:

Kumulierte Häufigkeiten machen Aussagen über zusammengefasste Einheiten, da für ihre Berechnung die Häufigkeiten schrittweise „angehäuft", also aufsummiert werden.

Eine Kumulation/Anhäufung zusammengefasster Einheiten ist beispielsweise dann sinnvoll, wenn eine Lehrperson wissen möchte, wie viele der Schüler die Note 4 oder eine bessere Note erzielt haben.

Dazu werden die beobachteten Häufigkeiten schrittweise summiert angegeben. Die kumulierte Häufigkeit der letzten Zeile gibt dann die absolute Anzahl aller Daten der vorherigen Kategorien an. Neben den aufaddierten Häufigkeiten können in der Tabelle zur weiteren Analyse der Daten die Prozente angegeben werden, die eine einzelne Kategorie an der Gesamtzahl der Daten ausmacht. Dazu werden die Häufigkeiten jeder Kategorie an der Gesamtzahl relativiert und mit 100 multipliziert. Weiterhin können kumulierte Prozente gebildet werden, indem man die Prozentzahlen jeder Kategorie zu denen der vorherigen dazu addiert. Die Berechnung wird durch Abbildung 32 verdeutlicht.

Note	Häufigkeit	Rechnung	Kumulierte Häufigkeit	Prozent	Kumulierte Prozent
1	1	/	1	1/20x100 = 5 %	5 %
2	5	1 + 5 = 6	6	5/20x100 = 25 %	30 %
3	8	6 + 8 = 14	14	8/20x100 = 40 %	70 %
4	4	14 + 4 = 18	18	4/20x100 = 20 %	90 %
5	2	18+ 2 = 20	20	2/20x100 = 10 %	100 %
6	0	20+ 0 = 0	20	0/20x100 = 0 %	100 %

Abbildung 32: Beispiel für die Ermittlung der kumulierten Prozente am Beispiel eines Klassenspiegels

Aus dem Beispiel kann die Lehrperson die Erkenntnis gewinnen, dass 18 von 20 Schülern bzw. 90 % der Schüler die Note 4 oder eine bessere Note erzielt haben.

3.1 Maße der zentralen Tendenz

Die Maße der zentralen Tendenz sollen helfen, einen einzelnen Wert zu bestimmen, der die Daten möglichst gut repräsentiert.

Der Modalwert

> Der Modalwert beschreibt den am häufigsten vorkommenden Wert einer Verteilung bzw. die Kategorie mit der größten Häufigkeit.

Damit ein Modalwert sinnvoll berechnet werden kann, muss gewährleistet sein, dass die Verteilung der Häufigkeiten ein Maximum besitzt und insofern die Häufigkeiten anderer Kategorien abfallen.

In dem Beispiel, das in Abbildung 32 dargestellt ist, wurden die meisten Arbeiten mit einer 3 benotet, weshalb diese

Note den Modalwert des Klassenspiegels darstellt. Für Daten mit Nominalskalenniveau ist die Angabe des Modalwerts die einzige sinnvolle Auswertungsmöglichkeit im Hinblick auf die zentrale Tendenz.

Der Median

> Der Median beschreibt den Wert, unterhalb und oberhalb dessen jeweils die Hälfte der Werte liegen, der also die Verteilung in zwei gleichgroße Hälften teilt.

Damit ein Medianwert berechnet werden kann, muss mindestens Ordinalskalenniveau gegeben sein, d.h. es muss eine Rangreihe aus den Daten gebildet werden können. Im Folgenden wird je ein Berechnungsbeispiel mit einer geraden und einer ungeraden Anzahl an „Fällen" (in diesem Fall Schülern) dargestellt.

Das erste Beispiel zeigt die Notenverteilung bei einer Klasse mit einer *ungeraden* Schüleranzahl:

Bevor Sie den Median berechnen, ist es notwendig, die Werte ihrer Größe nach zu ordnen. Es wird die Anzahl der Werte gezählt, in diesem Beispiel sind es 17 Schüler.

1, 1, 1, 2, 2, 2, 2, 2, 2, 3, 3, 3, 3, 4, 4, 5, 5
50 %

Sie suchen den Wert, der genau in der Mitte der Zahlenreihe liegt, das ist der 9. Wert. Sie können ihn auch berechnen, in dem Sie zunächst den Wert 1 von der Gesamtzahl abziehen, dann diesen halbieren und 1 wieder mit dazu addieren. In dem Beispiel heißt das (17–1)/2 +1. So erhalten Sie die Zahl 9. Das bedeutet, dass Sie nun den 9. Wert in der Zahlenreihe suchen. Dabei handelt es sich um die 2. Der Median in dieser Schulklasse wäre also eine 2.

Das zweite Beispiel beschreibt die Notenverteilung in einer Klasse mit einer *geraden* Schüleranzahl:

1, 1, 1, 2, 2, 2, 2, 2, // 3, 3, 3, 3, 4, 4, 5, 5
50 %

Bevor Sie den Median berechnen, ist es wieder notwendig, die Werte ihrer Größe nach zu ordnen. Es wird die Anzahl der Werte gezählt, in diesem Beispiel sind es 16 Schüler. Die letzte Zahl der unteren 50 % ist der 8. Wert und der erste Wert der oberen 50 % ist der 9. Wert. Diese können nun in der Reihe abgezählt werden. Der Wert an der 8. Stelle ist die Note 2, an der 9. Stelle die Note 3. Beide Werte werden nun gemittelt, d. h. der Median in diesem Beispiel ist also die 2,5.

Der Mittelwert

Der Mittelwert ist auch als arithmetisches Mittel bekannt. Er wird häufig mit MW oder auch $\bar{x}$ bezeichnet und kann nur für intervall- oder verhältnisskalierte Daten sinnvoll berechnet werden. Er ergibt sich aus der Addition aller Einzelwerte, dividiert durch die Anzahl der Werte. In dem folgenden Beispiel (Abbildung 33) ist das Alter von 25 Schülern dargestellt.

Alter der Schüler in Jahren	Häufigkeit
14	10
15	12
16	3

Abbildung 33: Beispiel für die Ermittlung des Mittelwerts am Beispiel des Alters von Schülern

Um den Mittelwert zu berechnen, wird die Summe der einzelnen Messwerte gebildet:

(10x14) + (12x15) + (3x16) = 368.

Diese wird dann durch die Anzahl aller Schüler geteilt: 368/25 = 14,72 Jahre.

Der Mittelwert beträgt also 14,72 Jahre.

Als Bezeichnung für die Stichprobengröße wird häufig *n* verwendet (im Beispiel die Anzahl der untersuchten Schüler). Die mathematische Formel für die Berechnung des arithmetischen Mittels lautet entsprechend folgendermaßen:

$$\bar{x} = \frac{1}{n} \cdot \sum_{i=1}^{n} x_i$$

Der Wert x_i bezieht sich auf die einzelnen Werte. Das Summenzeichen (Σ) gibt an, dass diese summiert werden und *n* bezieht sich auf die Gesamtanzahl der Objekte (z. B. Anzahl der befragten Personen). In der Formel wird der Mittelwert als $\bar{x}$ beschrieben, oftmals ist auch der Ausdruck „MW" gebräuchlich.

Welches Maß der zentralen Tendenz zur Veranschaulichung einer vorliegenden Verteilung gewählt werden sollte, hängt von verschiedenen Faktoren ab. Das Skalenniveau bestimmt u. a., welche Kennwerte überhaupt berechnet werden dürfen (s. o.). Der Mittelwert ist bei intervall- oder verhältnisskalierten Daten vorzuziehen, da in seine Berechnung alle Daten eingehen und er somit einen repräsentativen Wert darstellt. Bei Vorliegen einer Nominalskala darf nur der Modalwert berechnet werden. Der Medianwert kann bei der Ordinalskala zusätzlich zum Modalwert berechnet werden bzw. bei der Intervallskala als zusätzliches Maß zum Mittelwert angegeben werden. Dieses Vorgehen ist indiziert, wenn Extremwerte oder Ausreißer vorliegen, also Werte, die stark von den übrigen Werten abweichen (nach oben oder unten). Der Mittelwert ist gegenüber solchen Werten anfällig und liefert dann evtl. eine verzerrte Darstellung der zentralen Tendenz.

3.2 Maße der Variabilität

Die Maße der Variabilität oder Dispersion einer Verteilung geben an, wie unterschiedlich die Werte sind, die zu einem bestimmten Wert der zentralen Tendenz geführt haben. Sie müssen immer zusammen mit dem Maß der zentralen Tendenz angegeben werden, denn sie geben Aufschluss über die Art der Verteilung, die z. B. zu einem bestimmten Mittelwert geführt hat. „Denn je größer ein Parameter der Dispersion ausfällt, je unterschiedlicher also Merkmalsausprägungen sind, desto weniger wird die gesamte Verteilung der Werte durch einen Wert der zentralen Tendenz repräsentiert“ (Kuper 2005, S. 135). Maße der Variabilität stellen also ein Maß für die Unterschiedlichkeit der Messwerte einer Verteilung dar.

Die Spannweite

Die Variationsbreite der Werte, also ihre Spannweite (Range), gibt die Differenz zwischen dem höchsten und dem niedrigsten Wert an. In dem folgenden Beispiel ist das Alter der Schüler dargestellt, die an einer Befragung teilnehmen.

6, 6, 7, 9, 10, 12, 13, 14, 14, 15

Für die Berechnung der Spannweite wird nun der kleinste Wert von dem höchsten Wert subtrahiert: 15–6 = 9. Der Range des Alters in der Stichprobe ist also 9.

Sie sollten jedoch bedenken, dass der Range anfällig für Verzerrungen bei vorliegenden Extremwerten ist.

Die Quartile

Stabiler als der Range sind eingeschränkte Streubereiche, wie beispielsweise die Angabe der mittleren 50 % aller Werte (Interquartilabstand). Der Begriff Quartil kann sowohl für die Grenze als auch für die durch eine bestimmte Einteilung entstehenden Bereiche verwendet werden. Teilt man eine Verteilung in 4 gleich große Gruppen, erhält man 4 Quartile, die jeweils 25 % der Werte enthalten. Das erste Quartil beinhaltet 25 % der Fälle, das zweite 50 % der Fälle, das dritte 75 % der Fälle und das vierte 100 % der Fälle. Quartile haben also immer fest definierte Grenzen. Der Interquartilabstand umfasst die mittleren 50 % der Fälle und berechnet sich durch Subtraktion des ersten Quartils vom vierten Quartil. Das zweite und das dritte Quartil werden durch den Median getrennt.

Die Varianz

Eine weitere Möglichkeit, zusätzliche Angaben über die Verteilung der Messwerte zu erhalten, ist die Berechnung der Varianz. Voraussetzung zur Berechnung der Varianz und der Standardabweichung (siehe folgender Abschnitt) sind intervallskalierte Daten.

Bei der Varianz (s^2) handelt es sich um die „mittlere quadrierte Abweichung" der einzelnen Werte vom Mittelwert und sie „stellt den Durchschnitt der quadrierten Abweichungswerte dar" (Pospeschill 2006, S. 80).

Mithilfe der Varianz lassen sich also z. B. Aussagen darüber treffen, wie unterschiedlich Schülerleistungen in einem Test ausgefallen sind. Wenn Sie die Varianz ermitteln möchten, berechnen Sie zunächst den Mittelwert der Stichprobe ($\bar{x}$) . Danach subtrahieren Sie von jedem einzelnen Wert den Mittelwert und quadrieren diesen Wert. Die so gewonnenen Abweichungswerte summieren Sie und teilen sie durch die Gesamtanzahl der Werte. Dieses Vorgehen ist auch in der folgenden Formel dargestellt.

$$s^2 = \frac{\sum_{i=1}^{n} (x_i - \bar{x})^2}{n}$$

Analog zu der Formel zur Berechnung des Mittelwerts bezieht sich x_i auf die einzelnen Werte, $\bar{x}$ ist der Mittelwert der Stichprobe, *n* bezieht sich wiederum auf die Gesamtzahl der Objekte.

Das hört sich vielleicht etwas kompliziert an, es ist aber gar nicht so schwierig zu berechnen. Das folgende Beispiel demonstriert die Vorgehensweise (Abbildung 34): Es sind fünf Schüler mit ihrer Punktzahl in einem Kurztest dargestellt.

Person (n)	**Ergebnis Kurztest (X_i)**
1	3
2	5
3	5
4	4
5	3

Abbildung 34: Punktzahlen von 5 Schülern in einem Kurztest

Der Mittelwert ist 4, es ergibt sich nach der Formel folgende Berechnung:

$$s^2 = \frac{(3-4)^2 + (5-4)^2 + (5-4)^2 + (4-4)^2 + (3-4)^2}{5} = \frac{(1+1+1+0+1)}{5} = 0{,}8$$

Die Varianz beträgt in diesem Beispiel also 0,8.

Die Standardabweichung

Das gebräuchlichste Streuungsmaß (Dispersionsmaß) ist die Standardabweichung.

> Die Standardabweichung gibt Auskunft darüber, wie weit die Messwerte durchschnittlich um den Mittelwert streuen, wie groß also ihre durchschnittliche Unterschiedlichkeit zum Mittelwert ist.

In Tabellen wird sie meist mit „SD“ (= Standard Deviation), in Formeln mit „s“ abgekürzt. Die Standardabweichung berechnet sich durch Ziehen der Quadratwurzel aus der Varianz und standardisiert somit die berechneten Distanzen auf die ursprüngliche Messskala. Die mathematische Formel für die Berechnung der Standardabweichung lautet:

$$s = \sqrt{\frac{\sum_{i=1}^{n} (x_i - \bar{x})^2}{n - 1}}$$

Sie sehen also, dass es sich um die fast identische Formel wie zur Berechnung der Varianz handelt, nur dass am Ende die Wurzel gezogen wird. Für das Beispiel (Varianz = 0,8) bedeutet dies, dass die Standardabweichung = $\sqrt{0{,}8}$ = 0,89 ist. Wenn Sie beispielsweise die mittlere Punktzahl berechnet haben, die in einem Test erreicht wurde, können Sie danach mithilfe der Standardabweichung ermitteln, wie unterschiedlich die Schülerleistungen ausgefallen sind: Eine große Standardabweichung sagt aus, dass es viele Schüler gibt, deren Leistungen sich deutlich unter bzw. über dem Durchschnitt befinden. Eine geringe Standardabweichung zeigt dagegen an, dass die Testergebnisse ein ähnliches Niveau aufweisen.

Statistische Kennwerte nationaler und internationaler Vergleichsstudien

Zusätzlich zu den bisher vorgestellten statistischen Werten gibt es Kennwerte, die in größeren Evaluationen, insbesondere den internationalen Vergleichsstudien eine Rolle spielen. Es werden aber auch Kennwerte berechnet, die wir bereits vorgestellt haben, wie beispielsweise Mittelwert und Standardabweichung. Zusätzlich gibt es folgende Kennwerte:

Skalierung

Die Skalierung eines Tests ist ein grundlegender Auswertungsschritt. Hintergrund ist, dass versucht wird, Daten mit unterschiedlicher Qualität miteinander vergleichen zu können (Eikenbusch & Leuders 2008). Ziel dabei ist, die Antworten der Schüler auf die Testfragen miteinander zu vergleichen. Um dies valide und reliabel vollziehen zu können, müssen die Antworten auf einer gemeinsamen Skala betrachtet werden können. Eine Skala sollte die zu erfassenden Kompetenz möglichst präzise abbilden. Nur so können die Kompetenzen der Jugendlichen verglichen werden (Drechsel & Prenzel 2008).

Prozentrang/Perzentile

Prozentränge oder auch Perzentile, die Begriffe werden synonym verwendet, haben eine ähnliche Bedeutung wie die bereits vorgestellten Quartile. Während Quartile eine Verteilung in 25 %-Schritte unterteilen, erfolgt mit Perzentilen die Zerlegung in 1 %-Schritte. Normalerweise werden jedoch nicht alle möglichen Perzentile von 1 bis 100 bei der Ergebnisdarstellung angegeben, sondern besonders interessierende Prozentränge. Dies können beispielsweise die oberen oder unteren 5 % einer Verteilung sein, wenn Sie prüfen, welche Schüler besonders gut oder schlecht in einem Leistungstest abgeschnitten haben.

Standardwert

Wenn Werte aus verschiedenen Tests nicht miteinander vergleichbar sind, wird versucht mittels sogenannter Standardwerte eine Angleichung vorzunehmen, um die verschiedenen Werte auf einer gemeinsamen Skala/Dimension abbilden zu können. Dadurch können z. B. Ergebnisse aus verschiedenen Fächern (z. B. Deutsch und Mathematik) zueinander in Beziehung gesetzt werden (vgl. Gage & Berliner 1996).

Kompetenzstufen

Um die Ergebnisse so detailliert wie möglich analysieren zu können, werden in den großen Vergleichsstudien den einzelnen Aufgabenteilen bestimmte Kompetenzstufen zugeteilt. Sie „definieren die Anforderungen bzw. die Kompetenzen, die zur erfolgreichen Lösung einer Aufgabe auf einer bestimmten Stufe notwendig sind. Kompetenzstufen sind so beschaffen, dass eine Person, deren Kompetenzniveau auf einer bestimmten Stufe liegt, die Aufgaben, deren Schwierigkeiten auf oder unter dieser Stufe liegen, mit großer Wahrscheinlichkeit lösen kann" (Drechsel & Prenzel 2008, S. 117). Das bedeutet, dass ein Schüler, der eine schwierigere Aufgabe lösen kann auch die leichteren Aufgaben richtig lösen sollte. Die Entwicklung von Aufgaben, die diese Anforderungen erfüllen ist oftmals schwierig und stellt hohe Anforderungen an die Testkonstruktion.

Standardfehler (SE)

Bereits weiter oben haben wir den Mittelwert und die Standardabweichung vorgestellt. Der Standardfehler (engl. Standard Error) dient nun dazu, die zufallsbedingten Unterschiede zwischen Mittelwerten abzuschätzen (Drechsel & Prenzel, 2008). Er ergibt sich aus der Standardabweichung. Während die Standardabweichung eine Aussage über die Streuung des Mittelwertes liefert, macht der Standardfehler eine Aussage über die Genauigkeit des Mittelwerts.

Die PISA-Studie kombinierte beispielsweise mithilfe des Standardfehlers zwei Fehlerquellen (Stichprobenfehler und Messfehler), die ohne diesen Wert nicht miteinander in Verbindung gebracht werden könnten. Mithilfe dessen ist es möglich, den „wahren Wert" festzustellen und so auch wieder diesen Wert (in der Regel den Mittelwert) aussagekräftig mit zum Beispiel den Werten anderer Länder zu vergleichen.

3.3 Darstellungsformen statistischer Kennwerte

Es gibt verschiedene Möglichkeiten, die Ergebnisse statistischer Untersuchungen zurückzumelden. Häufig werden nicht nur statistische Kennwerte, sondern auch grafische Darstellungen veröffentlicht, die die Informationen veranschaulichen sollen. Es ist von großer Bedeutung, dass die Diagramme richtig gelesen werden können, da so eher Fehler in der Darstellung auffallen, die die Interpretation der Ergebnisse deutlich verzerren können. Im Folgenden werden die häufigsten Darstellungsarten vorgestellt.

Balken-/Säulendiagramme

Mithilfe von Balkendiagrammen können die Häufigkeiten nominal- oder ordinalskalierter Variabeln bzw. die Mittelwerte einer intervallskalierten Variable, die in Kategorien aufgeteilt wurde, dargestellt werden. Die Längenunterschiede der Balken verdeutlichen entweder die Häufigkeitsverhältnisse oder die Unterschiede der Mittelwerte zwischen den Kategorien.

Während die y-Achse – die Ordinate – die Art der abgebildeten Werte beschreibt (z. B. Häufigkeiten, Prozente, Mittelwerte etc.), werden auf der x-Achse – der Abszisse – die dargestellten Kategorien angegeben. Abbildung 35 veranschaulicht die Verwendung eines Balkendiagramms zur Darstellung der Ergebnisse eines Fragebogens zur Untersuchung der erfragten Zufriedenheit der Lehrpersonen hinsichtlich des Schulklimas. Die Zufriedenheit sollte auf einer Skala von 1 = „überhaupt nicht zufrieden“ bis 6 = „sehr zufrieden“ eingestuft werden.

Wichtig zu beachten ist, dass die Skalierung der Ordinate bei Null anfängt. Wenn die Skalierung zu eng oder großschrittig gewählt werden müsste, um alle Werte darzustellen, reicht es, den oberen Bereich der Werte darzustellen, was aber in der Ordinate eindeutig gekennzeichnet werden muss. Des Weiteren ist darauf zu achten, dass die Ordinaten- und Abszisseneinheiten ungefähr gleich groß gewählt werden, da es sonst zu Verzer-

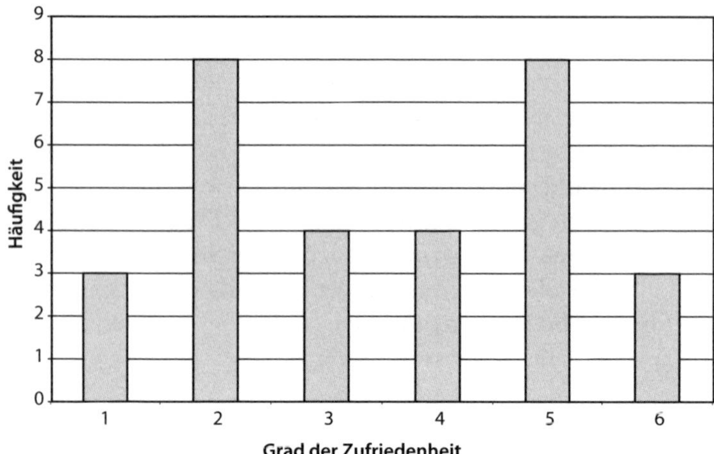

Abbildung 35: Angabe über Grad der Zufriedenheit in einem Fragebogen

rungen kommen kann. Ein letzter Punkt, der beachtet werden sollte, ist die Beschriftung der Skalen, die stets eindeutig und für den Leser informativ sein sollte.

Da Mittelwerte nur in Verbindung mit den dazugehörigen Streuungen aussagekräftig sind, werden diese durch „Antennen“ (Standardabweichungen) dargestellt. Die Größe der Antennen zeigt an, wie stark die Einzelwerte in den jeweiligen Gruppen um den Mittelwert streuen, d. h. wie repräsentativ der jeweilige Mittelwert für die Gruppe aller Werte ist. Im nachstehenden Beispiel (Abbildung 36) ist die „Antenne“ in der Gruppe der ADS-Kinder am größten, was verdeutlicht, dass der Mittelwert von 12 Stunden die Lernzeit vieler Kinder dieser Gruppe über-/unterschätzt, da es größere Unterschiede zwischen den einzelnen Messwerten gibt. Im Gegensatz dazu hat der Mittelwert bei den Hochbegabten nur eine kleine Antenne, da sich die Schüler in ihren Leistungen weniger voneinander unterscheiden.

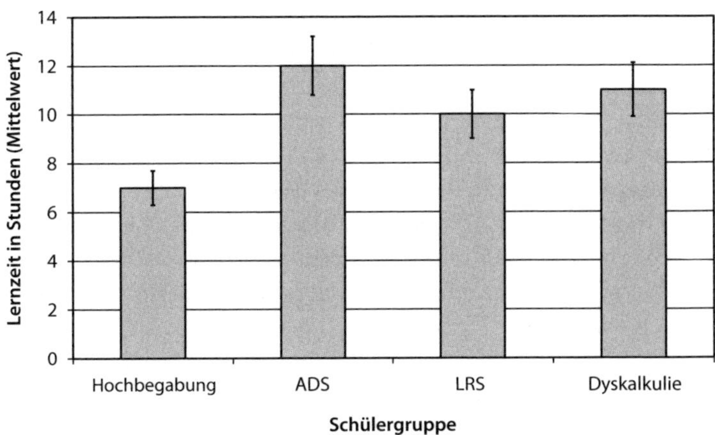

Abbildung 36: Lernzeit in Abhängigkeit von der Schülergruppe

Boxplots

Zur Darstellung von Quartilen ordinal- und intervallskalierter Variablen eignen sich Boxplots. Durch diese Art der Darstellung werden alle Ergebnisse mitsamt deren Verteilung in der Grafik abgebildet (Range, Median, 1., 2. und 3. Quartil, siehe Abbildung 37).

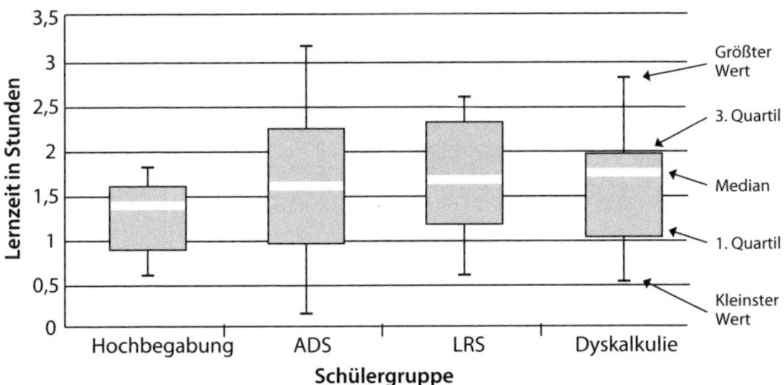

Abbildung 37: Lernzeit in Abhängigkeit von der Schülergruppe als Boxplot

Die Enden der Antennen markieren jeweils den kleinsten und größten Wert. Das erste Quartil wird durch die untere Begrenzung der Box gekennzeichnet. Die Linie innerhalb der Box stellt das zweite Quartil und damit den Median dar. Die obere Begrenzung der Box zeigt folglich das dritte Quartil an.

Daraus ergibt sich, dass 50 % der Werte in der Box des Boxplots liegen: Jeweils 25 % der Werte liegen oberhalb, jeweils 25 % der Werte liegen unterhalb des Medians. Die restlichen 50 % der Werte liegen außerhalb der Box und werden durch die Antennen dargestellt.

Die Prozentverteilung der Werte kann außerdem in sogenannten Quartilbändern dargestellt werden (siehe Abbildung 38). Im ersten Abschnitt des Bandes liegen jeweils 25 % der Werte, im zweiten Abschnitt 50 % (das obere Ende begrenzt also 75 %) und im dritten Abschnitt wieder 25 %, wobei das obere Ende die vollen 100 % der Werte begrenzt. Der Median ist im zweiten Abschnitt eingezeichnet. Diese Form der Darstellung bietet einen schnellen Überblick über die Verteilung der Werte in den Gruppen und lässt einen Vergleich zwischen den Gruppen zu.

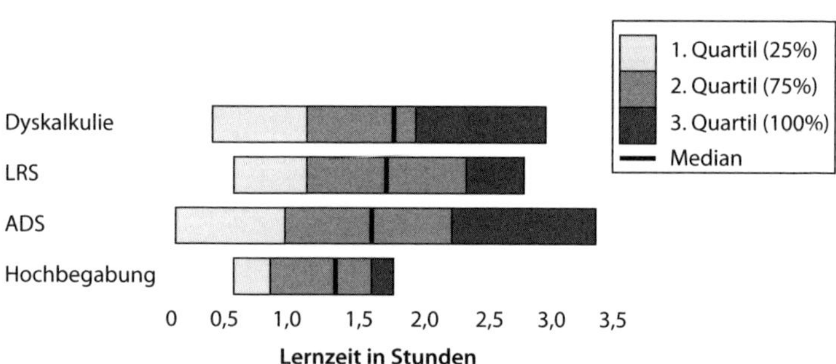

Abbildung 38: Lernzeit in Abhängigkeit von der Schülergruppe als Quartilbänder

Kreisdiagramme

Kreisdiagramme eignen sich zur Darstellung von prozentualen Häufigkeiten, die sich sinnvoll zu hundert addieren lassen. Wenn es sich um die Darstellung weniger Einheiten handelt, garantiert ein Kreisdiagramm einen schnellen Überblick der Verhältnisse. Die Gefahr der Unübersichtlichkeit besteht allerdings bei sehr kleinen oder sehr vielen Häufigkeiten. Im folgenden Beispiel (Abbildung 39) werden die Prozentanteile verschiedener Schülergruppen (ADS, Dyskalkulie, LRS, Hochbegabung) in einer Beratungsstelle durch ein Kreisdiagramm veranschaulicht.

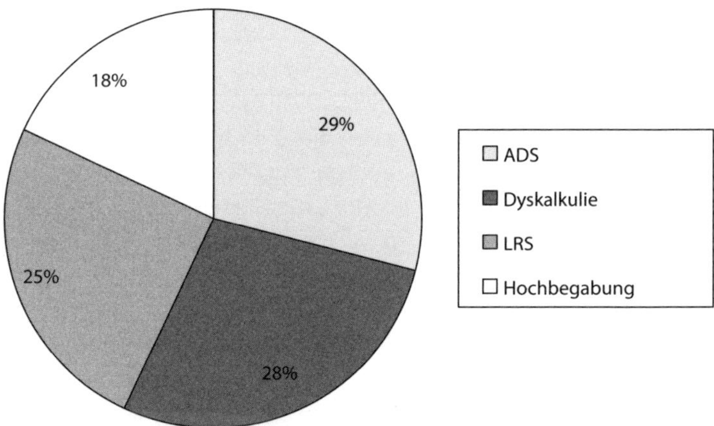

Abbildung 39: Prozentanteile der Schülergruppen in einer Beratungsstelle

Liniendiagramme

Wenn ein zeitlicher Verlauf dargestellt werden soll, liegt es nahe, auf Liniendiagramme zurückzugreifen. Die einzelnen Erhebungszeitpunkte werden üblicherweise an der x-Achse, der Abszisse, abgetragen.

Auch hier ist darauf zu achten, wie der Maßstab der Ordinate gewählt wurde. Im nachfolgenden Beispiel (Abbildung 40) wird

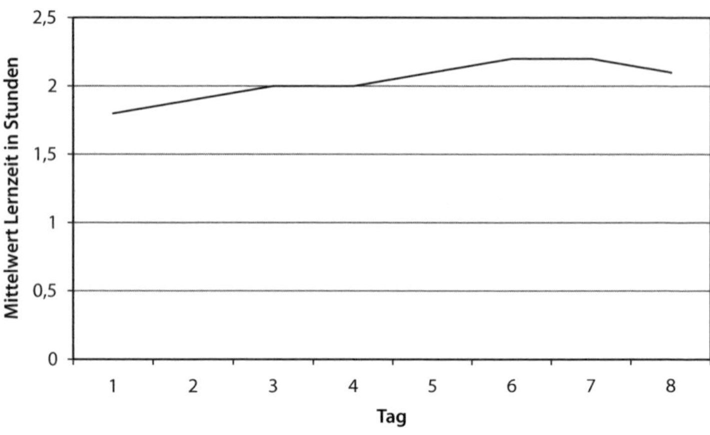

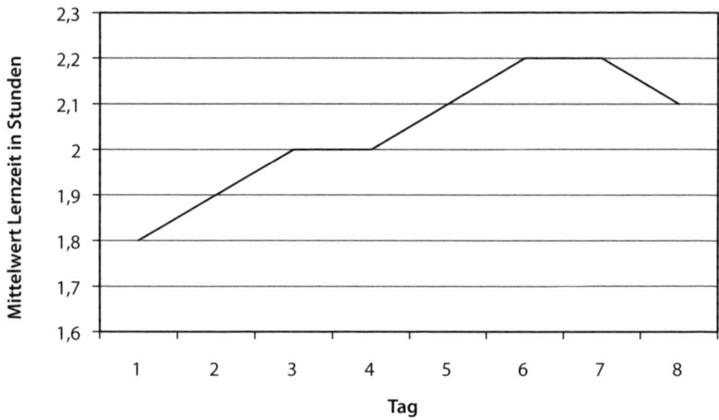

Abbildung 40: Lernzeit in Stunden (Mittelwert) in Abhängigkeit vom Tag

verdeutlicht, wie durch eine verkürzte Ordinate (untere Werte fehlen) ein Effekt vorgetäuscht wird, der bei Betrachtung der gesamten Ordinate fast verschwindet.

Wie Sie leicht erkennen können, wirkt der Effekt im zweiten Diagramm viel größer, da nur ein Ausschnitt des Wertebereichs der Ordinate dargestellt ist und diese nicht bei 0 beginnt.

Übung 20:

Zur Vertiefung dieses Abschnitts können Sie sich folgende Fragen stellen:
- Welche Erfahrungen haben Sie bisher mit Statistik bzw. statistischen Auswertungen im Schul- oder Unterrichtskontext gemacht?
- Welche statistischen Kennwerte sind Ihnen bereits bekannt?
- Welche statistischen Kennwerte sind Neuland für Sie?
- Worauf wollen Sie achten, wenn Sie (wieder) mit Statistiken im Schulalltag zu tun haben?

4. Schließende Statistik

Die Anwendung der schließenden (schlussfolgernden) Statistik (auch Inferenzstatistik genannt) folgt auf die deskripitve Statistik. Diese stützt sich auf die o.g. Kennwerte, mit deren Hilfe die Verteilung der Daten hinsichtlich zentraler Tendenz und Variabilität dargestellt wird. Diese Kennwerte beinhalten aber noch keine Informationen über die Generalisierbarkeit der gefundenen Ergebnisse. Ist ein Mittelwert von 3,7 wirklich (also auch außerhalb der untersuchten Stichprobe) bedeutsam größer als ein Mittelwert von 3,2 und soll dieser Unterschied evtl. weitreichende Konsequenzen für die Unterrichtsgestaltung haben? Hängt die Ausprägung einer Variablen systematisch mit der Ausprägung einer anderen Variablen zusammen oder ist der Zusammenhang nur zufällig entstanden? Solche Fragen sind das Themengebiet der Inferenzstatistik. Es wird also untersucht, ob anhand der gefundenen Ergebnisse für eine Stichprobe allgemeingültige (generalisierbare) Aussagen für die der Stichprobe zugrunde liegende Grundgesamtheit abgeleitet werden können. Die Grundgesamtheit oder auch Population bezeichnet dabei alle untersuchbaren Personen (oder Objekte, Ereignisse, …), die das interessierende Merkmal aufweisen. Im Zusammenhang mit der Inferenzstatistik muss einerseits der Begriff der Wahrscheinlichkeit und die Stichprobenziehung beachtet werden, andererseits die Prüfung auf Signifikanz (Bedeutsamkeit/Überzufälligkeit) der gefundenen Ergebnisse mittels statistischer Verfahren.

4.1 Der Wahrscheinlichkeitsbegriff und Stichprobentheorie

Da sich ein Beobachter, wenn er aufgrund des Ergebnisses einer Stichprobe auf die Grundgesamtheit schließen will, immer nur auf einen Ausschnitt der Wirklichkeit stützen kann, muss der Begriff der Wahrscheinlichkeit herangezogen werden.

„Die Wahrscheinlichkeit (probability) ist ein Maß für den Grad der Sicherheit oder Unsicherheit, die für ein bestimmtes Ereignis oder eine Aussage angegeben werden kann" (Pospeschill 2006, S. 80). „Die Wahrscheinlichkeit eines Ereignisses ist eine Zahl zwischen 0 und 1, wobei der Wert 0 einem unmöglichen Ereignis und der Wert 1 einem sicheren Ereignis zugeordnet wird und Zwischenwerte zufällige Ereignisse bezeichnen" (Zöfel 2003, S. 45).

Da sich dem zentralen Grenzwertsatz zufolge (siehe auch Bortz 2005), die Stichprobenverteilung immer mehr der Populationsverteilung annähert, je mehr Elemente die Stichprobe enthält, steigt somit auch die Wahrscheinlichkeit als Maß für die Sicherheit eines Ereignisses, je mehr Personen untersucht werden. Eine große Stichprobe begünstigt die „Wirksamkeit des Zufalls, weil die Regelmäßigkeiten von Wahrscheinlichkeitsverteilungen mit zunehmenden Fallzahlen immer deutlicher hervortreten" (Kuper 2005, S. 134). Außerdem sollte jede Stichprobe möglichst zufällig gezogen werden, d.h. jedes Element der Grundgesamtheit sollte die gleiche Wahrscheinlichkeit besitzen, in die Stichprobe aufgenommen zu werden. Falls Sie Ihre Schüler befragen und die Teilnahme freiwillig ist, kann z.B. nicht davon ausgegangen werden, dass alle Schüler mit gleicher Wahrscheinlichkeit teilnehmen. So ist es möglich, dass besonders motivierte oder an dem Befragungsthema interessierte Schüler teilnehmen. Falls Sie auslosen, welche Schüler teilnehmen, können Sie hingegen sicherstellen, dass jeder Schüler die gleiche Wahrscheinlichkeit hat, in die Stichprobe aufgenommen zu werden.

Je repräsentativer die Stichprobe für die Grundgesamtheit ist, umso präziser können inferenzstatistische Aussagen über die Grundgesamtheit getroffen werden.

Wenn Sie beispielsweise Aussagen über Schüler der 8. Klasse in Deutschland machen möchten, ist es kaum möglich, Daten von allen Schülern zu erheben und Sie haben nur Daten von einer Auswahl von Schülern. Ihr Ziel kann aber sein, dass Sie die Ergebnisse auf alle Schüler der 8. Klasse verallgemeinern möchten, deshalb wird in diesem Fall mit Wahrscheinlichkeiten gearbeitet.

Aufgrund der nie vorliegenden exakten Repräsentation der Population durch die ausgewählte Stichprobe, wird der Begriff der „Irrtumswahrscheinlichkeit" benutzt. Sie sagt aus, dass bei jeder Verallgemeinerung der Ergebnisse einer Stichprobe auf die Population Fehler begangen werden können, da die Stichprobe systematische Verzerrungen enthalten kann. Liegt diese Wahrscheinlichkeit jedoch unter 5 % bzw. 1 % spricht man von einem (hoch) signifikanten (bedeutsamen) Ergebnis. Die Wahrscheinlichkeit, einen Fehler zu begehen, wenn man die Ergebnisse der Stichprobe auch für die Population anwendet, beträgt dann weniger als 5 % (1 %). Die 5 %- oder 1 %-Grenze wird als Signifikanzniveau bezeichnet.

4.2 Konfidenzintervalle

Wie aus dem vorherigen Abschnitt zu erkennen ist, kann bei Schlussfolgerungen auf der Grundlage einer Stichprobe für die Population niemals von völliger Richtigkeit der Entscheidung ausgegangen werden. Es sind immer nur Wahrscheinlichkeitsaussagen, die getroffen werden. In diesem Zusammenhang sind Konfidenzintervalle (Bereiche der Sicherheit) von Bedeutung. Diese werden z. B. bei den Ergebnisdarstellungen der internationalen Leistungsvergleichsstudien berichtet. Mithilfe von Konfidenzintervallen kann man den Wertebereich angeben, in dem „sich Populationsparameter befinden, die als *Erzeuger* eines empirisch bestimmten Stichprobenkennwerts mit einer bestimmten Wahrscheinlichkeit in Frage kommen" (Bortz 2005, S. 101). Es wird also der Bereich bestimmt, in dem sich 95 % bzw. 99 % der Populationswerte befinden, die den in der Stichprobe erhaltenen Wert erzeugt haben können. Im Konfidenzintervall der Stichprobe liegt also mit 95 %- oder 99 %iger Wahrscheinlichkeit der wahre Populationswert. Damit ist das Konfidenzintervall ein Maß dafür, inwiefern von einer Stichprobe auf die Grundgesamtheit geschlossen, d. h. verallgemeinert werden kann.

Bei internationalen Leistungsvergleichsstudien werden die Ergebnisse oft durch Mittelwerte mit Angabe des Konfidenzintervalls berichtet. Bei der PISA-Studie (2006, Fach Mathematik) hatte Sachsen beispielsweise einen Mittelwert von 523 Punkten mit einer Standardabweichung von 2,4 Punkten. Das 95 %ige Konfidenzintervall liegt dabei zwischen 518,2 und 527,8. Der Populationsmittelwert liegt also mit einer Wahrscheinlichkeit von 95 % in dem angegebenen Wertebereich. Es besteht somit nur eine 5 %ige Wahrscheinlichkeit einen Fehler zu begehen, wenn man einen Populationsmittelwert aus dem Konfidenzintervall annimmt.

4.3 Zusammenhangsmaße (Korrelationen)

Möchten Sie untersuchen, ob zwei Variablen systematisch miteinander zusammenhängen, sollten Sie Gebrauch vom Korrelationskoeffizienten (r) machen.

> Die Korrelation ist ein Maß für den (linearen) Zusammenhang zweier Variablen. Statistisch wird die Korrelation durch den Korrelationskoeffizienten r ausgedrückt. Dieser Koeffizient hat einen Wertebereich von -1 bis 1, wobei 1 (bzw. -1) den stärksten Zusammenhang ausdrückt und 0 bedeutet, dass kein Zusammenhang zwischen den Variablen besteht.

Zur Aussage, wie eng zwei Variablen miteinander zusammenhängen, wird nur der Betrag von r benötigt. Will man aber etwas über die Richtung des Zusammenhangs erfahren, muss auch das Vorzeichen von r berücksichtigt werden. Ist der Korrelationskoeffizient größer 0, bedeutet das, dass es einen positiven Zusammenhang zwischen den zwei Variablen gibt, d. h. das Variable 1 größer wird, wenn Variable 2 größer wird, bzw. dass Variable 1 kleiner wird, wenn Variable 2 kleiner wird. Liegt der Korrelationskoeffizient unter 0, heißt das, dass ein umgekehrter bzw. negativer Zusammenhang zwischen den beiden Variablen herrscht, also dass Variable 1 zunimmt, wenn Variable 2 abnimmt bzw. dass Variable 1 abnimmt, wenn Variable 2 zunimmt.

Ein Beispiel für den ersten Fall (positiver Zusammenhang) wäre der Zusammenhang zwischen selbgesteuertem Lernen und Lernerfolg. Je selbstgesteuerter ein Schüler lernen kann, desto besser ist seine Lernleistung bzw. je besser die Lernleistung eines Schülers ist, desto selbstgesteuerter kann er lernen. Der zweite Fall (negativer Zusammenhang) läge z. B. beim Zusammenhang zwischen Lernleistung eines Schülers und seiner Ablenkbarkeit vor: je besser die Leistung des Schülers, desto weniger ist er ablenkbar, bzw. je leichter ablenkbar der Schüler ist – also eine höhere Ausprägung seiner Ablenkbarkeit hat, desto schlechter sind seine Lernleistungen.

Bei der Betrachtung von Korrelation ist zu beachten, dass mit Ihrer Hilfe zwar eine Aussage über einen Zusammenhang getroffen werden kann, nicht aber über die Wirkrichtung bzw. über einen Kausalzusammenhang. Die Ablenkbarkeit nimmt mit besseren Leistungen zwar ab, es kann aber sein, dass die Ablenkbarkeit wegen der besseren Leistungen geringer geworden ist. Über die Richtung des Zusammenhangs kann mit dem Korrelationskoeffizienten keine Aussage gemacht werden.

5. Tücken und Fallen der Statistik im Schulalltag

Falls Sie bisher wenig Berührungspunkte mit Statistik hatten, kommt Ihnen dieses Kapitel sicher sehr komplex – und nicht immer ganz einfach – vor. Trotzdem ist die Auseinandersetzung mit statistischen Begriffen und Werten wichtig, denn sie stellt einen wichtigen Bestandteil Ihrer eigenen Evaluation dar. Darüber hinaus haben bzw. werden Sie auch immer wieder mal mit Statistiken zu tun (haben), sodass es hilfreich für Sie sein kann, diese „lesen" zu können.

Jede Statistik hat Ihre Tücken und falsch angewendet oder interpretiert, kann sie sogar mehr schaden als nützen. Deshalb möchten wir Sie in diesem Abschnitt auf die Besonderheiten der einzelnen Verfahren hinweisen.

Sollen empirische Daten statistisch analysiert und interpretiert bzw. vorliegende statistische Ergebnisse interpretiert werden, muss immer das Skalenniveau in Betracht gezogen werden. Mit dem Skalenniveau werden gleichzeitig die erlaubten statistischen Verfahren festgelegt. So können bei einer Nominalskala nur Häufigkeitsauszählungen vorgenommen werden und die Berechnung von Mittelwerten und Streuungen ist erst ab dem Intervallskalenniveau zulässig (was sollte denn z. B. der Mittelwert zwischen männlich und weiblich sein?). Eine Besonderheit im Schulalltag sind die verwendeten Schulnoten, die nur Ordinalskalenniveau besitzen, da die Abstände zwischen den einzelnen Noten nicht gleich groß sind. So ist es nicht regelkonform, z. B. den Mittelwert aller Noten einer Klassenarbeit zu berechnen, obwohl dies häufig geschieht.

Werden statistische Ergebnisse bzw. Kennwerte grafisch dargestellt, gilt es zu prüfen, ob die Grafiken Verzerrungen enthalten. Hier sind ein unangemessenes Verhältnis der Einheiten von Ordinate und Abszisse zu nennen oder eine Ordinate, die nicht bei 0 beginnt und sehr kleine Intervalle umfasst, die dann einen Effekt größer aussehen lassen, als er ist. Die Skalierung beider Achsen sollte also immer den gesamten Wertebereich umfassen.

Sollen vorliegende Daten hinreichend und eingehend deskriptiv analysiert werden, sodass sinnvolle Schlussfolgerungen gezogen werden können, ist es nicht ausreichend, etwa nur den Mittelwert zu betrachten. Zwei Schulklassen können in einem Testverfahren genau denselben Mittelwert erzielen. Betrachtet man dann aber die Streuungen, also die Unterschiedlichkeit der Testleistungen, die sich eventuell erheblich voneinander unterscheiden, kann man nicht mehr von leistungshomogenen Gruppen ausgehen.

Statistische Aussagen können nur Wahrscheinlichkeitsaussagen sein, d. h. gesicherte Generalisierungen von einer Stichprobe auf die Grundgesamtheit sind immer nur mit einer (noch so geringen) Irrtumswahrscheinlichkeit möglich. Statistische Ergebnisse sind außerdem nur dann generalisierbar, wenn die Signifikanztestung unter Berücksichtigung aller Voraussetzungen (z. B. Stichprobenziehung, Skalenniveau) vorgenommen wurde und dokumentiert ist.

Eine weitere Besonderheit der statistischen Verfahren ist das Konzept der Stichprobe. Wie wir bereits beschrieben haben, sollte die gezogene Stichprobe eine Zufallsstichprobe sein, die die Grundgesamtheit repräsentativ darstellt und keine systematischen Verzerrungen beinhaltet. Sollte dies der Fall sein, sind Schlussfolgerungen auf die zugrunde liegende Grundgesamtheit nicht erlaubt bzw. fehlerhaft. Es kann zum Beispiel nicht von den Ergebnissen einer untersuchten Gruppe von 15-Jährigen auf alle 15-Jährigen geschlossen werden. Da eine Stichprobe die Population umso besser repräsentiert, je mehr Elemente (Personen, Objekte …) sie umfasst, ist es ratsam, möglichst große Stichproben zu ziehen.

Probleme bei der Stichprobenziehung kann es aber auch bei deskriptiven Analysen geben. Ein Beispiel für schlechte Stichprobenziehung in diesem Zusammenhang wäre eine Befragung an einem Kollegium, bei der nur 5 Lehrerinnen von 30 Kollegen zum Schulklima befragt wurden. Wird nun eine Aussage gemacht wie „60 % der Befragten waren mit dem schulischen Klima zufrieden“, täuscht diese eine große Zufriedenheit nur vor, da die genannten 60 % nur noch 3 Lehrerinnen und somit nur 10 % des Gesamtkollegiums darstellen (und auch nur Frauen). Darüber hinaus ist zu bedenken, dass die Befragung freiwillig war und sich deshalb nur hoch motivierte bzw. sehr unzufriedene Lehrerinnen beteiligt haben, die das Gesamtbild nicht angemessen widerspiegeln.

Interessiert der Zusammenhang zwischen zwei Variablen, kann die Korrelation zwischen ihnen berechnet werden. Diese Berechnung ist jedoch nur dann zulässig, wenn beide Variablen intervallskaliert sind. Die wichtigste Regel bei der Verwendung von Zusammenhangsmaßen lautet jedoch, dass sie keine Kausalität implizieren. Auf ihrer Grundlage können also *keine* Aussagen hinsichtlich eines Wirkzusammenhangs gemacht werden, wie z. B. „Variable A nimmt zu, *weil* Variable B abnimmt".

Ein Gesichtspunkt, der auf alle Daten zutrifft, die mittels Fragebogen erhoben wurden, ist, dass es sich hierbei immer um subjektive Einschätzungen handelt, sofern nicht nur Fakten erfasst wurden. Die Antworten der Befragten spiegeln deren subjektive Einschätzung der Situation, Materialen etc. wider und haben somit keinen Anspruch auf Objektivität.

Werden empirische Untersuchungen zur Information oder zur Belegung etwaiger Gegebenheiten herangezogen, ist es immer notwendig, die Art des Vorgehens (insbesondere die Messinstrumente, Stichprobe etc.) zu dokumentieren. Fehlen diese Angaben in der Darstellung der Arbeit, sind der Untersuchungsablauf und die Datengenerierung nicht nachvollziehbar und die Ergebnisse können, wenn auch unbeabsichtigt, verzerrt dargestellt werden.

6. Auswirkungen auf den Schulalltag

Nun sind Sie am Ende des Buches angelangt. Uns Autorinnen ist natürlich bewusst, dass wir Ihnen mit den Inhalten keine „leichte Kost" vorgestellt haben, sondern viele, kompakt präsentierte Informationen. Sicherlich werden Sie auch einige „alte Bekannte“ wieder getroffen haben. Unser Anliegen ist, dass Sie das Buch immer wieder zur Hand nehmen, wenn Sie eine Frage zu Ihrem Unterricht oder auch zu Ihrer Schule haben, auf die Sie sich mithilfe von Evaluation konkrete Ergebnisse und Hinweise zu Veränderungsmöglichkeiten erhoffen.

Wenn Sie einige Evaluationen nach dem Evaluationskreislauf durchgeführt haben, dann werden Sie nach und nach zum „Evaluationsprofi“ und Sie fühlen sich von Mal zu Mal kompetenter. Denn sicherlich wird nicht gleich bei der ersten Evaluation alles klappen – aber aus den gemachten Erfahrungen können Sie für das nächste Mal lernen.

Auch sollten Sie zu Beginn lieber „kleine Brötchen“ backen, denn schon so manches groß angelegte Evaluationsprojekt ist auf halbem Weg stecken geblieben. Wenn Sie jedoch mit kleineren Projekten anfangen, dann können Sie Erfahrungen sammeln und die Planung, Durchführung und Auswertung ist überschaubarer. Scheuen Sie sich auch nicht, Kollegen oder Berater von außerhalb zu Rate zu ziehen, falls Sie Fragen oder Probleme im Rahmen der Evaluation haben.

Wir haben auch Formen von externer Evaluation vorgestellt, da diese aktuell schon und auch in Zukunft ein Thema darstellen, das Sie konkret als Lehrkraft betrifft. Diese Form der Evaluation wird „automatisch“ durchgeführt, ohne dass Sie großen Einfluss auf den Ablauf und die Durchführung nehmen könnten. Sie können und sollten aber auch Impulse aus der externen Evaluation für Ihren Unterricht nutzen.

Unser Ziel ist es, Ihnen verschiedene Wege aufzuzeigen, wie Sie Ihren Unterricht Schritt für Schritt verbessern können und auch wie Sie Gelegenheit erhalten können, Feedback zu erhalten, für das es leider bisher im Lehreralltag immer noch (zu) wenige Gelegenheiten gibt.

VII. Literatur

Balzer, L. (2005): Wie werden Evaluationsprojekte erfolgreich? Landau

Bastian, J./Combe, A./Langer, R. (2007): Feedbackmethoden. Weinheim

Baukloh-Herzig S. (2000): „Was ich unbedingt noch sagen möchte …". Hamburg macht Schule, *12* (3), 14–15.

Baumert, J./Kunter, M. (2006): Stichwort: Professionelle Kompetenz von Lehrkräften. Zeitschrift für Erziehungswissenschaft, *9*(4), 469–520

Berliner, D./Gage, N. L. (1996): Pädagogische Psychologie. Weinheim

Bortz, J. (2005): Statistik für Human- und Sozialwissenschaftler. Heidelberg

Brunner, I./Häcker, T./Winter, F. (2006): Das Handbuch Portfolioarbeit. Seelze

Bühner, M. (2004): Einführung in die Test- und Fragebogenkonstruktion. München

Buhren, C. (2007): Selbstevaluation in Schule und Unterricht. Ein Leitfaden für Lehrkräfte und Schulleitungen. Köln

Bürger, R./Schmid, K. (2004): Einführung in die interne Evaluation – Theorie und Materialien. Projektgruppe „Modus 21" Friedrich-Alexander-Universität Erlangen-Nürnberg

Burkard, C./Eikenbusch, G. (2006): Praxishandbuch Evaluation in der Schule. Berlin

Caroll, J. B. (1963): A Model of School Learning. In: Teachers College Record, 6, pp. 723–733

Deci, E. L./Ryan, R. M. (1993): Die Selbstbestimmungstheorie der Motivation und ihre Bedeutung für die Pädagogik. Zeitschrift für Pädagogik, *39*(2). 224–238.

Ditton, H. (2000): Qualitätskontrolle und -sicherung in Schule und Unterricht – ein Überblick zum Stand der empirischen Forschung. In A. Helmke/W. Hornstein/E. Terhart (Hrsg.): Qualitätssicherung im Bildungsbereich (S. 73–92). Beiheft Nr. 41 der Zeitschrift für Pädagogik. Weinheim

Drechsel, B./Prenzel, M. (2008): Aus Vergleichsstudien lernen. Aufbau, Durchführung und Interpretation internationaler Vergleichsstudien. Schulmanagement-Handbuch, 126, 27. Jahrgang. München

Eikenbusch, G./Leuders, T. (2008). *Lehrer-Kursbuch Statistik. Alles über Daten und Zahlen im Schulalltag.* Berlin: Cornelsen.
Gage, N. L./Berliner, D. C. (1996): Pädagogische Psychologie (5. Aufl.). Weinheim
Gollwitzer, M./Jäger R. S. (2007): Evaluation. Workbook. Weinheim
Helmke, A (2003): Unterrichtsqualität – Erfassen, Bewerten, Verbessern. 3. Aufl. Seelze
Helmke, A. (2007): Unterrichtsqualität. Erfassen, bewerten, verbessern. Seelze
Helmke, A. (2008). Unterrichtsqualität erfassen, bewerten, verbessern. Seelze
Herrmann, J./Höfer, C. (1999): Evaluation in der Schule – Unterrichtsevaluation. Gütersloh
Holtappels, H. G. (2003): Schulqualität durch Schulentwicklung und Evaluation – Konzepte, Forschungsbefunde, Instrumente. Weinheim
Ingenkamp, K. (1988): Lehrbuch der Pädagogischen Diagnostik. Weinheim
Kühle, B./Peek, R. (2007): Lernstandserhebungen in Nordrhein-Westfalen. Evaluationsbefunde zur Rezeption und zum Umgang mit Ergebnisrückmeldungen in Schulen. In I. Hosenfeld/J. Groß Ophoff (Hrsg.): Nutzung und Nutzen von Evaluationsstudien in Schule und Unterricht (S. 428–447). Landau.
Kuper, H. (2005): Evaluation im Bildungssystem. Eine Einführung. Stuttgart
Kempfert, G./Ludwig, M. (2008): Kollegiale Unterrichtsbesuche. Weinheim
Kounin, J. S. (1976): Techniken der Klassenführung. Bern
Landesbildungsserver Baden-Württemberg. Online verfügbar unter: http://www.schule-bw.de/aktuelles/ [März 2010]
Landesinstitut für Pädagogik und Medien. Online verfügbar unter.
http://lpmfs.lpm.uni-sb.de/SE/Werkzeuge/Schüler.pdf [April 2010]
Maag Merki, K. (2009): Evaluation im Bildungsbereich Schule in Deutschland. In W. Beywl/C. Fabian/T. Widmer (Hrsg.): Evaluation. Ein systematisches Handbuch (S.157–162). Wiesbaden
McCown, R./Driscoll, M./Roop, P. (1996): Educational psychology. A learning-centered approch to classroom practice (2. Aufl.). Boston
Mittelstädt, H. (2008): Evaluation von Unterricht und Schule. Mühlheim
Pospeschill, M. (2006): Statistische Methoden. München

Rolff, H.-G. (2008): Konsequenzen aus Schulleistungsstudien und ihre Umsetzung auf Schulebene. In: Bildungsmonitoring, Vergleichsstudien und Innovationen (S. 147–159). Berlin

Scriven, M. (1991): Beyond Formative and Summative Evaluation. In McLaughlin, M. W./Phillips, D. C. (Hrsg.): Evaluation und Education: At Quarter Century (S. 19–64). Chicago

Slavin, R. (2000): Educational Psychology: Theory and Practice. 6th Edition, Englewood Cliffs, New Jersey

Staatsinstitut für Schulqualität und Bildungsforschung München. Online verfügbar unter: http://www.isb.bayern.de/isb/index.asp? MN av=8&Q Nav=17&INav=0&TNav=0&Seit=intern [März 2010]

Stockmann, R. (2006): Evaluation und Qualitätsentwicklung. Eine Grundlage für wirkungsorientiertes Qualitätsmanagement. Münster

Stufflebeam, D. L. (2000): The CIPP Model for evaluation. In Stufflebeam, D. L./. Madaus, G. F./Kellaghan, T. (Eds.): Evaluation models (p. 279–317). Massachusetts

Stufflebeam, D. L. (2007): CIPP EVALUATION MODEL CHECKLIST. A tool for applying the CIPP Model to assess long-term enterprises. Online verfügbar unter: http://www.wmich.edu/evalctr/checklists/cippchecklist_ mar07.pdf

Treiber, B./Weinert, F. E. (Hrsg.) (1982): Lehr-Lern-Forschung. Ein Überblick in Einzeldarstellungen. München

Weinert, F. E. (1997): Notwendige Methodenvielfalt: Unterschiedliche Lernfähigkeit der Schüler erfordern variable Unterrichtsmethoden des Lehrers, Friedrich Jahresheft (1997), Lernmethoden – Lehrmethoden – Wege zur Selbstständigkeit (S.50–52). Velber

Weinert, F. E. (2001): Leistungsmessung in Schulen. Weinheim

Wygotski, L. S. (1978): Mind in society. The development of higher psychological processes. Cambridge, MA

Zöfel, P. (2003): Statistik für Psychologen. München

Internetadressen

http://www.bildungsserver.de
http://dms.bildung.hessen.de
http://www.bildung-lsa.de
http://www.bildung-mv.de
http://bildung-rp.de
http://bildungsserver.berlin-brandenburg.de
http://www.hamburger-bildungsserver.de
http://www.kmk.org/fileadmin/pdf/Bildung/AllgBildung/Zentral abitur.pdfhttp://iglu2006.ifs-dortmund.de/projekt.html
http://www.ipn.uni-kiel.de/pisa/
http://www.iq.hessen.de
http://www.iqb.hu-berlin.de/vera2
http://www.isb.bayern.de
http://nibis.ni.schule.de
http://www.saarland.de/bildungsserver.htm
http://www.sachsen-macht-schule.de/schule/88.htm
http://www.schleswig-holstein.de/IQSH/DE/IQSHnode.html
http://www.schule-bw.de
http://www.seis-deutschland.de
http://www.seis-deutschland.de/seis-instrument/
http://www.timss.mpg.de/
http://www.umweltschulen.de/audit/bertelsmann.html

Danksagung

In diesem Buch fassen wir Inhalte und Erfahrungen zusammen, die wir im Rahmen der Ausbildung von Lehramtsstudierenden und durch die Arbeit mit Lehrkräften gesammelt haben. Wir danken an dieser Stelle allen Beteiligten, die durch ihre aktive Mitarbeit die Entstehung des Buches ermöglicht haben.

Insbesondere danken wir Klara Kümmerle, Laura Dörrenbächer, Beatrice Egner, Christine Schuck und Katharina Stenger für ihre Mitarbeit an den Kapiteln des Buches.

Darüber hinaus gilt unser Dank dem Verlag Vandenhoeck & Ruprecht, insbesondere Frau Annika Gerstenberg, für die konstruktive Rückmeldung zu diesem Buch und die gute Zusammenarbeit.